JN074410

松原 恭司郎 著

秀和システム

KPIの基本から最新知識までを分かり易く解説

KPI（重要業績評価指標）は、日本ではTQC（総合的品質管理）の普及とともに製造現場など業務レベルの指標として普及てきました。

2014年には政府によるアベノミクスの成長戦略が打ち出した資本効率重視の経営へのシフトでROE（自己資本利益率）が経営者の注目を浴びることになりました。

日本でも2017年頃からESG（環境・社会・ガバナンス）を重視した投資、そして国連のSDGs（持続可能な開発目標）の戦略への組み込みなど、KPIの活用領域が急速な広がりを見せています。

このようなグローバルな企業環境の変化を受けて、財務のみならず非財務情報を含むKPIの知識が、ビジネスパースンの必須知識となっています。

本書はビジネスパースンが押さえておきたいポイントを、近年のKPI活用領域の広がりを視野に、

【第１章:Basics編】で、KPIマネジメントの基本を押さえた上で、

【第２章:Advance編】で、KPIの戦略への適用へと進み、

【第３章:Challenge編】で、KPIによる環境と社会の見える化

と、KPIの基本から、最新の動向までを、３つのステージで段階的かつ網羅的に分かり易く解説します。

2020年１月

松原恭司郎

本書の仕組み

KPIマネジメントの進化を学び、実践に活用しよう。

本書は、KPIマネジメントの永年にわたる進化の過程と成果をたどる形で、3つのステージから成る各章を読み進むことで、KPIの基本から最新の動向までを、段階的かつ網羅的に学ぶことができるように構成されています。

1）第1章:Basics編:ノイズをカットし重要情報に絞り込め

・KPIの「Key」の意味

・KPIの特徴を8つのタイプに整理

・KPIのPDCAを回すことの効果を学びます。

2）第2章:Advance編:つなげて、戦略のストーリーを作れ

・トランスフォメーション（変容）をもたらすKPI

・KPIどうしをつなげることの重要性

・見えないもの（知的資本）への挑戦

・KPIの進化形であるバランス・スコアカードの特徴

・戦略マップを使った戦略ストーリー作りを学びます。

3）第3章:Charenge編:環境と社会の見える化に挑戦しよう

・サステナビリティ（持続可能性）の重要性

・SDGs（持続可能な開発目標）とグローバル指標

・環境と社会的価値へのインパクトの測定を学びます。

さあ、あなたもKPIマスターを目指しましょう。

（注）KPI（重要業績評価指標）の本来の意味は、主体（組織体や個人）にとって厳選された「重要な」指標（インディケータ）を意味します。（1・3）参照。本書では、KPIの候補となりうる指標を含めて、KPIの名称を活用しています。

本書の構成

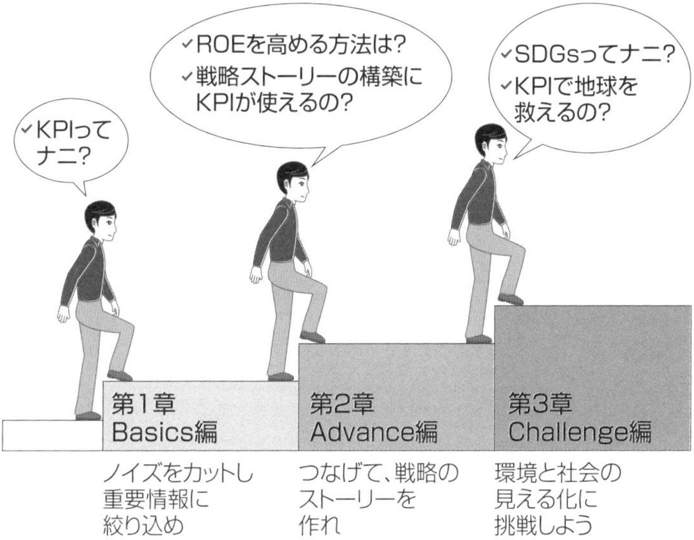

✓KPIって
ナニ?

✓ROEを高める方法は?
✓戦略ストーリーの構築に
KPIが使えるの?

✓SDGsってナニ?
✓KPIで地球を
救えるの?

第1章
Basics編

ノイズをカットし
重要情報に
絞り込め

第2章
Advance編

つなげて、戦略の
ストーリーを
作れ

第3章
Challenge編

環境と社会の
見える化に
挑戦しよう

レベル	基本	上級	最先端
ステージ	現場管理からマネジメントへ	戦略とビジネスモデルの革新へ	環境と社会のインパクトの測定へ
節の構成	1) KPIとは何か	1) KPIの新たなタイプを学ぼう	1) サステナビリティ時代の到来
	2) KPIの基本タイプを知ろう	2) KPIの 進 化 形 BSCとは何か	2) SDGsとKPI
	3) KPIでPDCAを回そう	3) KPIを戦略マネジメントに活かそう	3) SDGsへのインパクトとKPI
	4) KPIのショーケース (Basics編) KPI一覧	4) KPIのショーケース (Advance編) 新たなKPI	4KPIのショーケース (Challenge編) SDGsのグローバル指標

図解ポケット
KPIマネジメントがよくわかる本

CHAPTER 1 KPI Basics編

CHAPTER 2 KPI Advance編

CHAPTER 3 KPI Challenge編

KPI Basics 編

KPIとは生死を分ける重要な情報を意味する

情報の洪水の中で、生死を分かつ重要情報がある。その情報こそがKPIなのです。

1 情報の洪水の中で生活している

私たちは、情報の洪水の中で、日々の生活を送っています。

今日のネット社会では、なおさらです。

・情報の形は、鳴き声、言葉、絵、文字…

・情報の媒体も、石や骨、木簡、紙、デジタル…

へと、進化し続けています。

システムダイナミクスの提唱者デニス・メドウズが『世界はシステムで動く』で、「持っていない情報には対応することができない。正確でない情報に正確に対応することはできない。遅れて届く情報にタイムリーに対応することもできないと。」記しているように、**有用な情報**の重要性が高まってきています。

2 有用な情報は本当に限られる

存在それ自体が、情報になります。

例えば、図に示したように、肉食獣が近くに潜んでいる場合、その姿、匂いが、小動物にとって生き残るために重要な情報となります。

不要な情報としての「ノイズ」をはじき、次にとるべき行動の引き金になる有用な情報を知覚する選択眼が求められています。

この次のアクションにつながる有用な情報こそが、本書のテーマである「**KPI（ケーピーアイ）**」なのです。

FIGURE 1 有用な情報が生死を分ける

次のアクションにつながる有用な情報こそが、本書のテーマである「KPI(ケーピーアイ)」なのです。

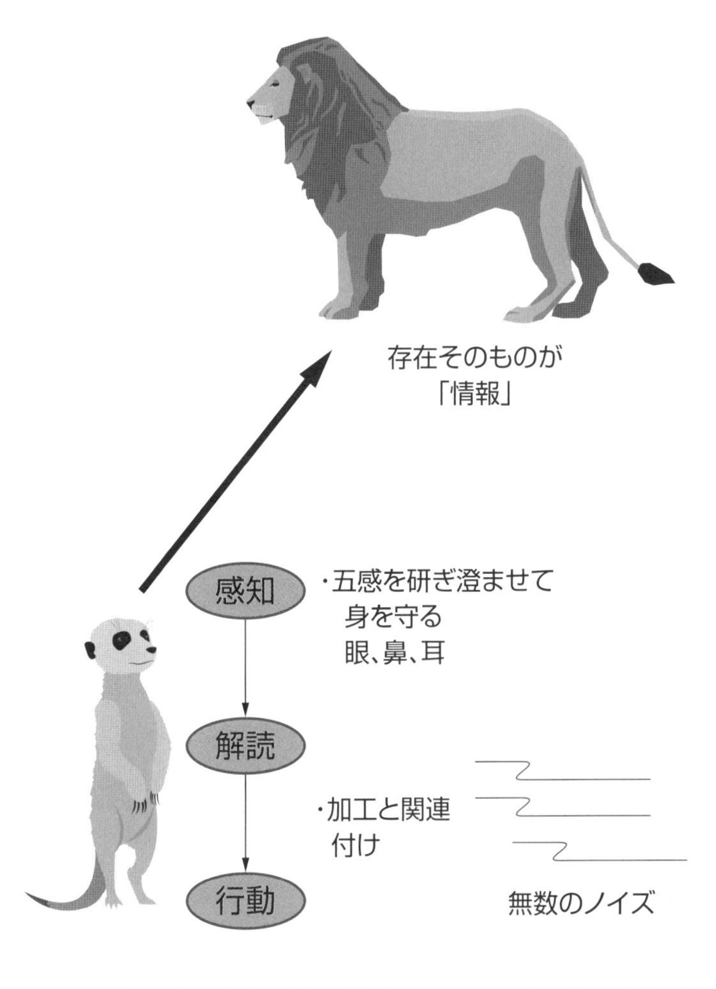

KPIを分解するとポイントが見えてくる

たんにインディケータ（指標）ではなく、なぜ「Key」を付けたのかを考えれば、KPIのポイントが見えてくる。

1 日本でよく用いられてきたKPI

KPIは、Key Performance Indicatorの略称で、日本語では「**重要業績評価指標**」と訳されています。このKPIの「P（パフォーマンス）」は工場現場の機械などの性能を意味し、戦後の日本では、製造業の工場現場を中心に**TQC／TQM**（**総合的品質管理**）が盛んに推進される中で、KPIという用語が現場管理の領域を中心に広まっていました。著者の認識している限りでは、欧米ではKPIはあまり見当たらず、たんに**インディケータ**（Indicator）や、**メジャー**（Measure）という言葉を用いることが多く、「KPI」という呼称が増えてきてきたのは最近のことです。

2 KとPIに分解して考えてみよう

KPIという英語を分解してみると次のことがわかります。

①インディケータ（指標）というからには、情報の中でも、数値化された情報を指しています。

②パフォーマンスは、機械の性能／パフォーマンスから来ています。パソコンや電子ディバイスを思い浮かべればわかりやすいでしょう。

これに対して、結果指標を「KGI（**キー・ゴール・インディケータ**）」とわざわざパフォーマンスとの違いを強調することもあります。

③KPIのポイントは「Key」という言葉に注意する必要があります。

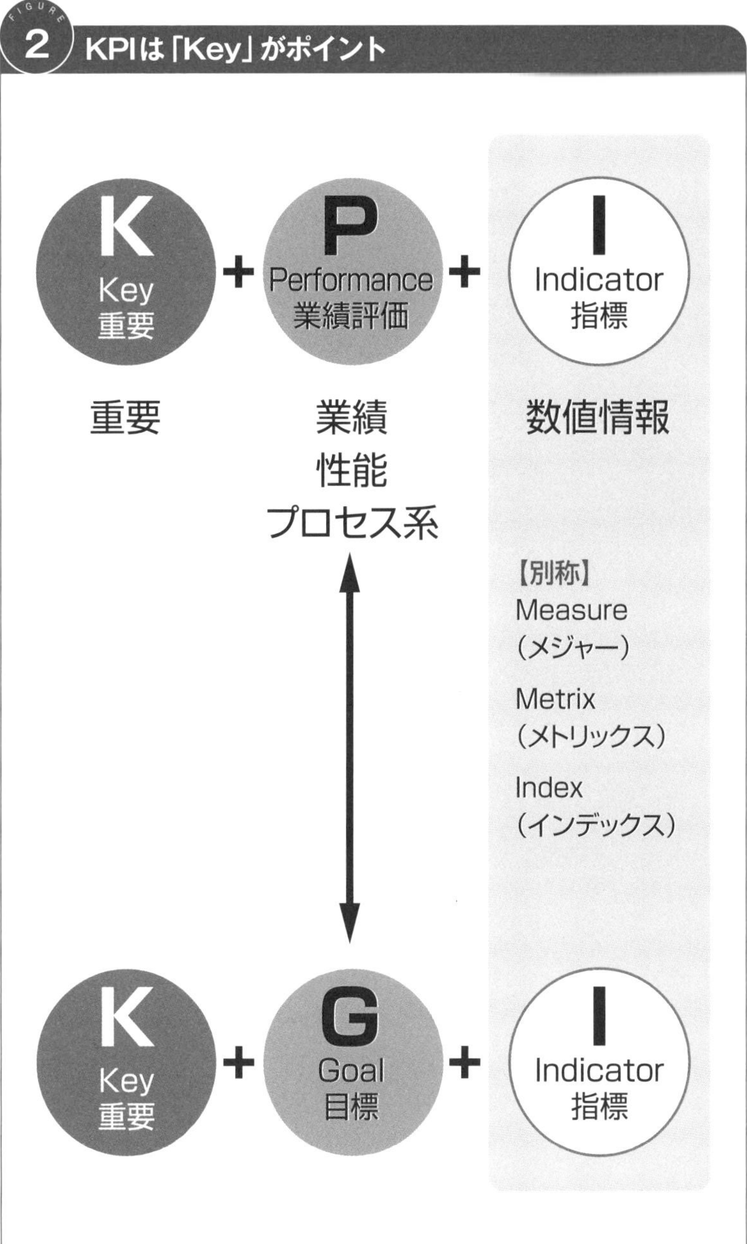
FIGURE
2
KPIは「Key」がポイント
K
Key
重要
P
Performance
業績評価
I
Indicator
指標
重要
業績
性能
プロセス系
数値情報
【別称】
Measure
（メジャー）
Metrix
（メトリックス）
Index
（インデックス）
K
Key
重要
G
Goal
目標
I
Indicator
指標

「Key」の意味は主要ではなく重要

「Key」とは多くのインディケータの中から絞り込まれた「重要な」という意味です。しかも重要性の基準は環境に応じて変化します。

1 「Key」は主要ではなく重要という意味

「Key」という単語を辞書で引いてみると、形容詞として「基本的な、重要な、欠かせない」といった訳語が掲載されています。

KPIの日本語訳としては、**重要業績評価指標**と**主要業績評価指標**の二通りの訳が用いられていますが、KPIのKeyの意味は、一般論としての「主要な」ではなく、その主体が置かれている環境において「重要な」という意味を持っています。

多くの情報の中から本当に必要とされる重要な情報を「フィルター」を使って絞り込みます。このフィルターの役割を果たすのが、KPIの選定方針や基準です。このフィルターを通じて厳選したPIが、キーとなる重要なPI、つまり「KPI」ということになります。

2 Keyは環境により変化する

何がKeyかは、環境により常に変化することに注意する必要があります。この環境への配慮は、業務レベルよりも戦略レベルで重要性が増します。経営戦略における「環境」は、前項（1・1）の小動物とライオンの関係でいえば次のようになります。

・外部環境：ライオンの空腹状態、仲間の存在、位置関係、風向き、時間帯など
・内部環境：こちらが単独か、子連れか、仲間と一緒か、近くに逃げ場はあるか

FIGURE 3 KPIは絞り込まれた重要な指標

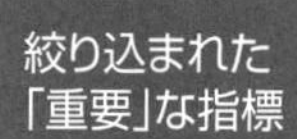

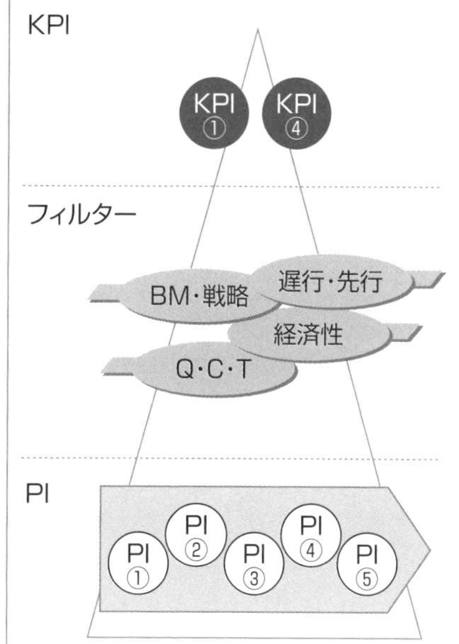

(注)KPI(重要業績評価指標)の本来の意味は、主体(組織体や個人)にとって厳選された「重要な」指標(インディケータ)を意味します。(1・3)参照。本書では、KPIの候補となりうる指標を含めて、KPIの名称を活用しています。

KPIは5W1Hで明解に定義するべし

KPIは重要な状態についてモニタリングしコミュニケーションするためのツールです。共通の理解を設定することから始めましょう。

1 曖昧な定義は誤解のもと

KPIは**コミュニケーション・ツール**です。正しい理解と判断のためには、定義を含めた共通理解が大前提になります。

例えば上図にあるように、「クール」という言葉1つを採ってみても、冷たいのか、イカスのかの違いにあるように、共通の理解がなければ、正しいコミュニケーションは成立しません。

これは、「返品率」というKPIを例に挙げれば、分母、分子に何処の情報源から、いつの期間を対象として、何を持ってくるのかによって、数値がまったく異なってしまうことからもわかります。

2 KPIの5W1Hを明確にする

このような誤解を防ぐには、**5W1H**を明確にすることが必要になります。つまり、

①WHAT（定義・計算式）：コミュニケーションの基本です。

②WHY（選定理由）：業績評価に用いる場合に特に重要です。

③WHO（KPIオーナー）：管理責任者を決めておくこと。

④WHERE（データソース）：情報の正確性を担保しましょう。

⑤HOW（捕捉・収集方法）：データ収集の効率性とタイムリー性に影響を与えます。

⑥WHEN（報告頻度）：マネジメント・レベルによって、日次から四半期等まで、報告の頻度がことなります。

FIGURE 4 同じ「ことば」を使っても定義が定まらないと…

これ「使い捨て
カイロ」だよ。
クール(冷たい)?
暖かいのだが。

It's
Cool!
(イカス)

FIGURE 5 KPIは5W1Hを明確に定義すべし

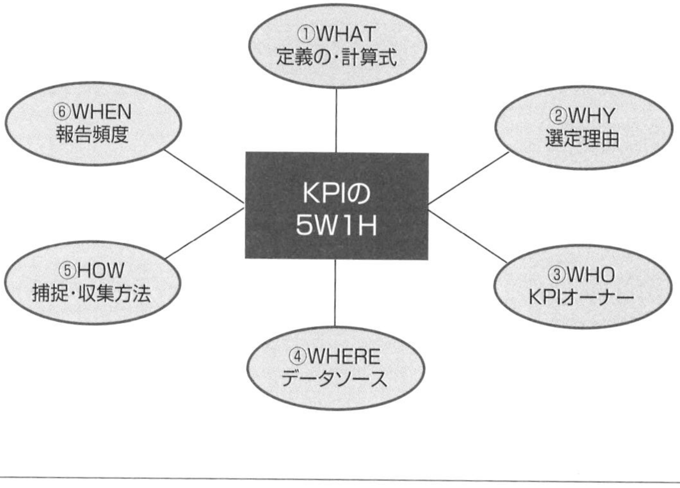

KPIの
5W1H

①WHAT
定義の・計算式

②WHY
選定理由

③WHO
KPIオーナー

④WHERE
データソース

⑤HOW
捕捉・収集方法

⑥WHEN
報告頻度

「KPIディクショナリー」を作成しメンテナンスしよう

コミュニケーションの基盤となるKPIの5W1Hなど重要な情報をまとめたディクショナリーを作成しデータベース化しておこう。

1 「KPI ディクショナリー」をつくろう

共通の理解のためには、KPIの5W1Hなどの重要な情報を、図に示すような「KPIディクショナリー」としてまとめておき、適時に更新する必要があります。

KPIのレビューや、コメントを付す権限を与えられた人が常に内容を確認できるように、KPIをモニタリングしグラフィカルに報告するシステムでは、ポップアップ・ウィンドウなどで、常に確認できるような工夫がされているものもあります。

2 ディクショナリーに盛り込む情報

KPIディクショナリーには次の情報を盛り込む必要があります。

①バックグラウンド情報：KPIの名称、定義、関連する視点や目的、そしてオーナーなど。

②KPIの特徴：報告頻度や単位など。

③計算とデータの仕様：指標の定義に欠かせない計算式やデータソースとデータの収集担当など。

④業績情報：ベースラインや目標値とその設定根拠とKPIの目標値を達成するためのアクションプラン（施策）

本書の第2章の「KPIショーケース（Advance編）」に、革新的なKPIを中心に、幾つかのKPIディクショナリーを掲載しているので参考にしてください。

FIGURE 6 「KPIディクショナリー」の例

<table>
<tr><td rowspan="3">①バックグラウンド情報</td><td>視点：※</td><td colspan="2">KPI番号／名称：</td><td>オーナー：</td></tr>
<tr><td colspan="2">戦略テーマ：※</td><td colspan="2">戦略目的：※</td></tr>
<tr><td colspan="4">定義：</td></tr>
<tr><td>②KPIの特徴</td><td>遅行／先行：</td><td>頻度：</td><td>単位：</td><td>肯定否定：高いほうが良い／悪い</td></tr>
<tr><td rowspan="3">③計算とデータの仕様</td><td colspan="4">計算式：</td></tr>
<tr><td colspan="4">データソース：</td></tr>
<tr><td colspan="2">データの質：高／低</td><td colspan="2">データ収集担当：</td></tr>
<tr><td rowspan="3">④業績情報</td><td colspan="2">ベースライン：</td><td colspan="2">目標値：</td></tr>
<tr><td colspan="4">目標設定根拠：</td></tr>
<tr><td>アクションプラン</td><td colspan="3">1.
2.
3.</td></tr>
</table>

※BSCで用いる用語

「8つのタイプ」でKPIの特徴を押さえよう

KPIの特徴をタイプ分けすると、KPIの理解が深まり、的確なKPIの選定と分析に役立ちます。

1 KPIの特徴を理解するための8つのタイプ

「標準的な**KPIの一覧表**があれば見たい。それも掲載件数が多くて、そこから選択するだけで自組織に合ったKPIが準備できるリストが欲しい」との声をよく耳にします。

洋の東西を問わず「二千以上のKPIのリストを準備しています。」というコンサルタントやビジネス分析ソフトウェア会社の宣伝文句が、まことしやかに囁かれています。でも、単純なリストでは使い勝手が良くありません。KPIの特徴をタイプ分けすると、KPIの理解が深まり、的確なKPIの選定と分析に役立ちます。

2 どちらのタイプが重要か

KPIは様々なタイプに分類することができます。

・財務指標と非財務指標
・先行指標と遅行指標

など、様々な区分を耳にすることがあると思います。著者がKPIの類型を整理したのが「**KPIの8つのタイプ**」です。

表では、KPIの8タイプごとに、左側に示したグループAと右側のグループBは、意味付けがあって分類されています。さて、A、Bのどちらが、相対的に重要であると思いますか。――答えは、Bです。グループBに注目しながら本書を読み進んでいくことにしましょう。

FIGURE 7 KPIの8つのタイプ

グループA	KPIの8つのタイプ	グループB
財務	①財務と非財務 ★（1・7）	非財務 ①オペレーショナル ②ESGないし CSR関連
業務	②マネジメント・レベル ★（1・8）	戦略と戦術
共通 （業種や全般）	③共通と固有 ★（1・9）	固有
遅行 （結果、アウトプット、アウトカム）	④遅行と先行 ★（2・1）	先行 （ドライバー、インプット）
個別機能別	⑤機能別と機能横断 ★（2・2）	機能横断 （クロス・ファンクショナル）
ハード （定量的）	⑥ハードとソフト ★（2・3）	ソフト （定性的）
標準	⑦標準とトランスフォメーショナル ★（2・4）	トランスフォメーショナル
内部管理	⑧内部管理と外部公開 ★（2・5）	外部公開

（注）タイプの後の★（9・9）は、本書で解説されている項目番号です。

財務のKPIと非財務のKPIの違いを知ろう（タイプ1）

財務のKPIと非財務のKPは、ビジネスで最も多く取り上げられるKPIの分類タイプです。

1 共通尺度としての財務情報

財務、会計情報は、企業の外部者にとって、比較可能性の高い共通尺度といえます。例えば、鉛筆の製造販売会社と造船会社について考えてみましょう。鉛筆は、何本やダース。船は、何隻、そして規模も様々です。物理的な個数での比較は無理ですが、売上高などの財務情報なら、両者を比較することができるのです。

2 財務情報（財務のKPI）と非財務のKPI

①**財務情報**には、次のものが含まれます。

・数値情報：**財務のKPI（財務指標）**で、財務諸表から導き出される情報です。実数（含、財務諸表）や比率（構成比、趨勢）が含まれます。

・文字／記述情報：財務諸表の注記など財務諸表を補足する情報で、金額だけではなく、人員、面積などの数値に加えて、説明文を含みます。

②「**非財務のKPI**」は、上記の財務数値とそれを加工した財務比率以外ということになりますが、次のようにオペレーショナルとESGの二種類があるので注意を要します。

・リードタイムや品質といった、現場で用いられる「**オペレーショナル（業務的）なKPI**」

・**ESG（環境、社会、ガバナンス）**やCSRに係る情報

FIGURE 8 財務と非財務情報

財務情報
- 数値
  - ・実数（含、財務諸表）
  - ・比率（構成比、趨勢）
  - ・指数
- 文字/記述
  （財務諸表の注記）

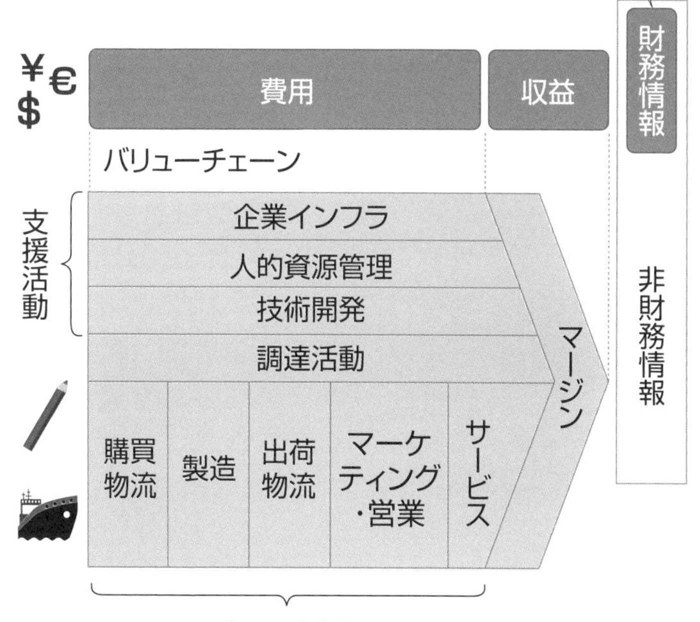

業務のKPIと戦略のKPIの違いを知ろう（タイプ2）

KPIは、現場での日次の作業のマネジメントに始まり、トップマネジメントによる戦略のマネジメントにも活用されます。

1 日本は製造現場のKPIに長けていた

日本は**業務レベル**のKPIに長けていた過去があります。戦後日本の製造業の目覚ましい躍進を支えた**TQC／TQM（総合的品質管理）**の普及などによって、製造現場で品質管理を中心とした業務のKPIのマネジメントが広く実践されるようになったのです。

業務レベルでは、業務プロセスを現場担当者や管理者がモニタリングするもので、非財務のKPIを中心に細かなKPIが、最短で分や時間単位でモニタリングされます。

2 日本企業には戦略レベルの強化が必要

①**戦略レベル**：戦略の実施状況をモニタリングするもので、マネジメントや経営企画スタッフが、KPIを月次ないし四半期ごとに分析します。詳しくは第2章のメインテーマとして「KPIを戦略マネジメントに活かそう」で解説します。

②**戦術レベル**：各部門単位またはプロジェクト単位での進捗状況を、マネジャーが、計画や予算などと比較し、KPIが、日次または週次で分析されます。

ここで、あるKPIは業務レベルのKPIであって、**戦略レベルのKPI**ではないというものではなく、売上高などの特定のKPIが日次、週次、月次、四半期など対象とする期間や数量の累計などで、複数のマネジメント・レベルでモニタリングされる場合もあります。

FIGURE 9 マネジメント・レベルとKPI

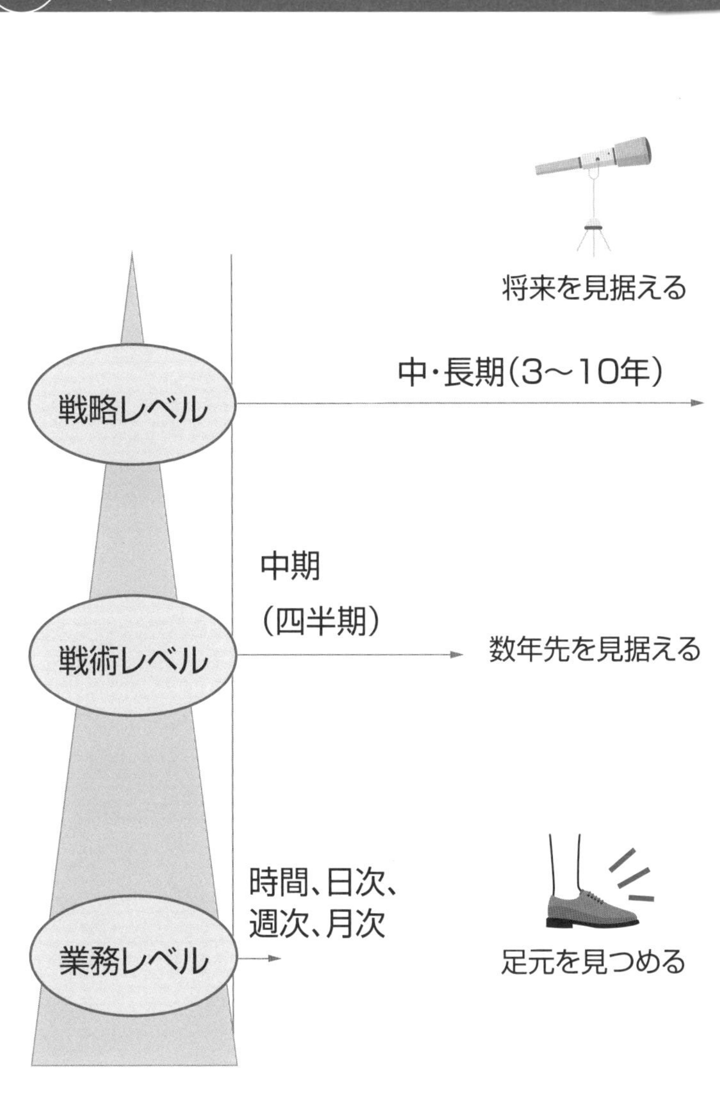

共通のKPIと固有のKPIの違いを知ろう（タイプ3）

共通のKPIはベンチマーキングや比較に適し、固有のKPIはノウハウとして競争優位の源泉にもなります。

1 共通の KPI で比較検討する

外部の投資家が求めるROE（自己資本利益率）などの財務のKPIは、比較可能性を高めるためにも全業種またはある業種を通じて汎用性が高いという属性を持っています。このように比較可能で汎用的なKPIは「KPI一覧表」などから選択することも可能です。

共通のKPIはベストプラクティスや平均値など、他社とベンチマーキングすることも容易であるというメリットがあります。

2 固有の KPI は競争力の源泉

一方で、ある組織体が、ブレイクスルーの成果を見極めるための独自の結果指標や、それを生み出すドライバーとなる真に重要な先行指標、それらのKPI間の因果関係の影響度を知ることは、その組織にとって重要なノウハウとなり、競争優位の源泉となるものです。これは料理でいえばミソであり、清涼飲料水会社の原液の配合レシピや陶工の釉薬の調整など、特に重要なものは一子相伝で、決して他に公開されることはありません。

顧客の視点、業務プロセスの視点、そして経営資源の視点などで、組織の独自のビジネスモデルや戦略の達成度を測るKPIなどがこれに該当します。「重要なKPIは決して出回らない」と言われるように、**固有のKPI**の多くは、流通しているKPI一覧表から選択できる代物ではありません。

FIGURE 10 固有のKPIは競争優位の源泉

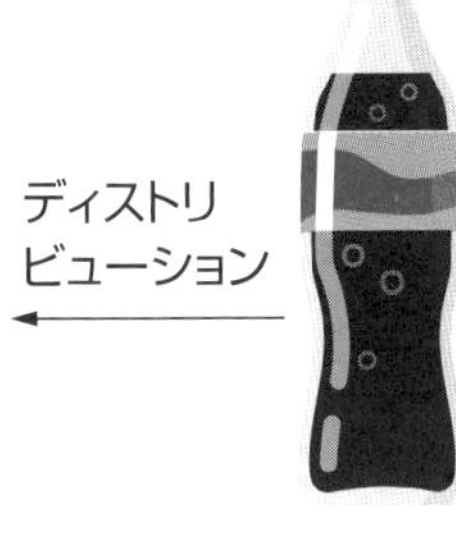

共通のKPIと固有のKPI

	共通のKPI	固有のKPI
視点	外部の視点 結果系に多い 財務 顧客／マーケティング	内部の視点 ドライバー系 業務プロセス 学習と成長／経営資源
特徴	外部者も理解 比較可能性 ベンチマーキング	門外不出、一子相伝 飲料水の原液、陶磁器の釉薬配合

PDCAサイクルを支えるKPI

PDCAサイクルをうまく回すには、客観性などの特徴を持つKPIの活用が欠かせません。

1 PDCAサイクルとは

誰もが知っているマネジメント技法に。「**PDCAサイクル**」(別称、マネジメント・サイクル) があります。PDCAサイクルは、図に示したように、

①Plan(計画) を立て、
②計画に従ってDo(実行) し、
③計画に対する実施状況をCheck(チェック) ／モニタリングし、
④計画からの乖離が許容範囲を超える場合に、是正処置として的確なAct／Action(アクション) をとる一連のプロセスです。

2 KPIを活用してPDCAサイクルを回せ

パフォーマンス・マネジメントの原則に、「測定なきところ管理なし」という言葉があります。そこで、PDCAサイクルをうまく回すには、KPIの活用が欠かせません。ゴルフでは、KPIは打数です。そして、ホールごとにパー (規定打数) が設定されています。これがP(計画) に相当します。そして、メタボリックシンドロームでは、診断に使われるウエスト周囲径、血圧、血糖、脂質などの値がKPIに該当します。ここでは、簡単なケースとして、ダイエットで体重をKPIとする場合を考えてみましょう。毎日、体重を測っているたけで、無計画で何もアクションを起こさなければ、状況は何も変わりません。PDCAを回すことが肝要です。

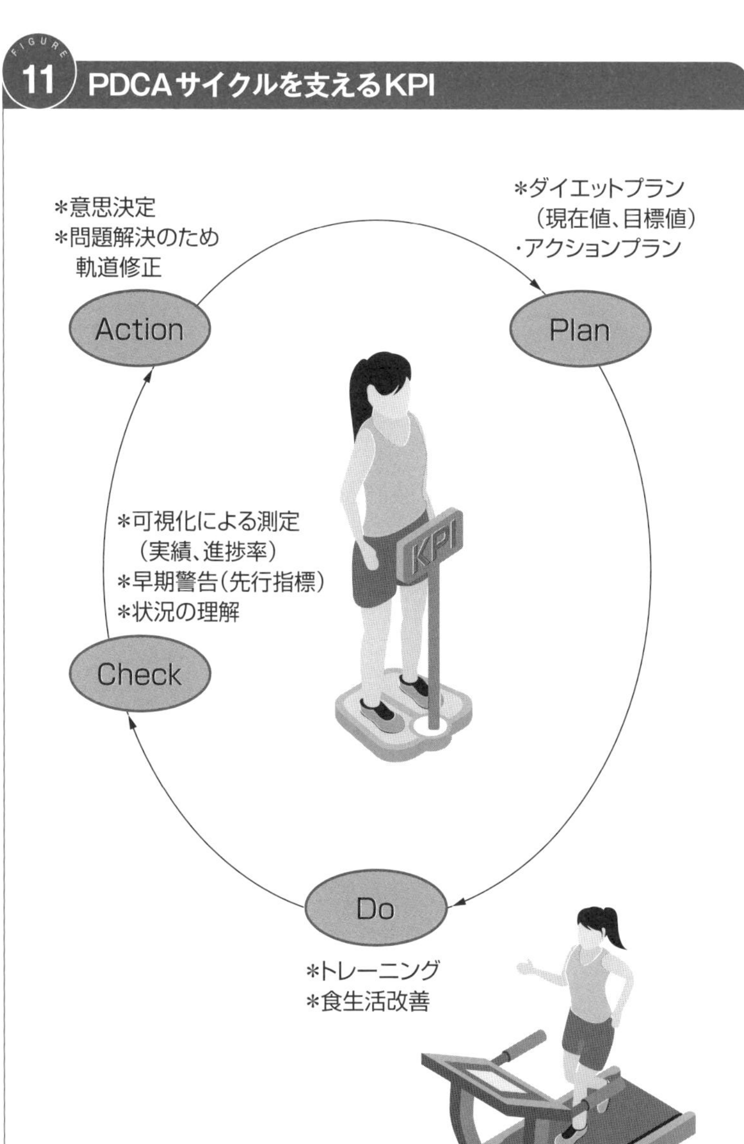
FIGURE 11 PDCAサイクルを支えるKPI
*意思決定
*問題解決のため
軌道修正
*ダイエットプラン
（現在値、目標値）
・アクションプラン
Action
Plan
KPI
*可視化による測定
（実績、進捗率）
*早期警告（先行指標）
*状況の理解
Check
Do
*トレーニング
*食生活改善

KPIはPDCAの計画と実行の質を高める

計画なきところ実行なしといわれています。「SMART」なプランを作りをKPIが支援します。

1 SMARTなプランの策定に役立つKPI

何事を行うにも、まず目標を設定し計画を立てることになりますが、「良い目標」にはどのような要件が求められるのでしょうか。その要件を簡潔に表現したのが「SMART」です。目標は、

・「具体的（Specific）」であること。

・「測定可能（Measurable）」であること。

・「実行可能（Actionable）」であること。

・業績評価に当たって「適切性（Relevant）」があること。

・そして、情報を「適時（Timely）」に入手できること。

目標をKPIで表現すれば、これら**目標の「SMART」な要件**を充分に満たすことができるのです。

2 KPIの機能がPとDの質を高める

表はPDCAサイクルにおけるP（計画）とD（実行）の段階におけるKPIの支援機能についてまとめたものです。先のダイエットの例では、KPIは、

①**P（計画）段階**では、目標とする体形などを何Kgという具体的かつ、測定可能な方法で明確に表現し、スリム化と健康を手に入れるための動機付けの機能を果たします。

②**D（実行）段階**では、具体的な数値目標に注意を集中させることにより、ダイエットプログラムを持続することに貢献します。

FIGURE 12 PDCAサイクルを支えるKPIの機能(計画と実行段階)

PDCAサイクル	KPIの機能	コメント(格言を含む)
P(計画)	①行動を指示する	「何が測定されているかによって、すべての行動は予測可能である。」(E. ゴールドラット)
	②期待を明確にする	明確に定義されたKPIは曖昧さを取り払う。
	③目標設定の基礎を提供する	良き目標の質を表す頭字語「SMART」を支援する: 具体的(Specific)、 測定可能(Measurable)、 実行可能(Actionable)、 適切性(Relevant)、 適時(Timely)
	④動機付ける	KPIは無力症への解毒剤であるとされ、物事を実現に導く。
D(実行)	①注意を集中させる	報奨システムとリンクしている場合は効果は更に高まる。
	②実行を増進する	「測定なきところ実行なし」
	③連携を向上させる	連携されたKPIシステムなしには、組織を跨り一貫した行動と業績は不可能である。

KPIでSMARTな
プラン作りが可能。

KPIはPDCAのチェックとアクションの質を高める

測定により理解が深まり、理解は管理を可能にし、そして管理は改善をもたらす。

1 チェック段階のKPIの機能

表はPDCAサイクルにおけるC(チェック)とA(アクション)の段階におけるKPIの支援機能についてまとめたものです。

①繰り返しになりますが、**パフォーマンス・マネジメント**の世界で有名な言葉に、「あなたが、あるものを測定することができなければ、それを理解することはできない。理解できなければ、それを管理(control)することはできない。管理できなければ、それを改善することはできない。」とあるように、チェックやモニタリングは、理解と管理の基本です。

②**先行指標**をうまく使おう。

KPIには予測を可能にするという機能があります。運動量とカロリー摂取などの先行指標も合わせて測定し管理していれば、タイムリーなアクションを打つことが可能となります。

結果指標と先行指標については、第2章(2・1)で解説します。

2 ダイエットプランの策定と実行

ダイエットの例では、KPIは、

①**C(チェック)段階**では、日々の継続的は体重測定を通じて減量目標と比較する機能を果たします。

②**A(アクション)段階**では、運動量とカロリー摂取を含めタイムリーに是正処置を打つことで、KPIはフィードバックを促進します。

13 PDCAサイクルを支えるKPIの機能(チェックとアクション段階)

PDCAサイクル	KPIの機能	コメント(格言を含む)
C(チェック)	①客観性を高める	「事実に基づく管理」が可能になる。
	②一貫性を促進する	管理には安定が必須である。
	③パフォーマンスの可視性を高める	「測定できないものは、管理できない」
	④理解を高める	「あなたが、あるものを測定することができなければ、それを理解することはできない。理解できなければ、それを管理(control)することはできない。管理できなければ、それを改善することはできない。」(J. ハリントン)
	⑤意思決定を改善する	「1つの正確な測定値は、一千の意見に勝る。」
	⑥問題解決を向上する	システマティックに業績を評価していれば、問題の発見と、優先順位付けと解決は容易になる。
	⑦早期警告情報を提供する	長い目で見ると、良きKPIは、大規模な調査、事業再生や倒産よりもはるかに安上がりである。
	⑧アカウンタビリティ(報告責任)を可能にする	アカウンタビリティとは「測定可能な責任」を意味する。
A(アクション)	①フィードバックを促進する	「KPIが錠(ロック)で、フィードバックが鍵(キー)である。双方の相互作用がなければ、改善への扉を開くことはできない。」(J. ハリントン)
	②予測を可能にする	予測的なKPI(パフォーマンス・ドライバー)が、組織を推進させる。

適確なKPIを選定するためのチェックポイント

KPIは数ある指標の中から、選定・設定基準である「フィルター」を通して厳選されたキーとなる業績評価指標です。

1 KPIを絞り込むフィルターをあらかじめ用意しておく

数ある指標の中から、Keyとなる指標を見つけ出すには、あらかじめ次のような**KPIの選定基準**を設定しておくことが、混乱を避けるためにも有効です。

①ビジネスモデル（BM）の革新と戦略性：KPIを用いてイノベーションを進めるに当たって最も重要な要素になります。

②適格性：KPIは評価対象の本質を突く必要があります。

③信頼性：データの信頼性はKPIを業績評価と人事考課に活用する場合に特に重要になります。

④定量的：KPIはなるべくハード（定量的）であることが望まれます。これについては、第2章（2・3）で解説します。

⑤コミュニケーションの容易性：難解なインデックスではなく、ユーザが理解できるものある必要があります。

⑥**データ補捉**の容易性と経済性：運用に当たってデータ捕捉の容易性と経済性が求められます。困難な場合には代替指標の活用も視野に入れて段階的に実施していくことが賢明です。

⑦結果指標と先行指標の検討：測定対象については、結果と先行（ドライバー）の両側面を検討することにより、因果関係を把握しておきましょう。第2章（2・1）で解説します。

⑧Q・C・D／T（品質・コスト・納期）の側面の検討：特にプロセスの評価では、複数の視座を提供してくれます。

FIGURE 14 KPI選定のためのチェックポイント

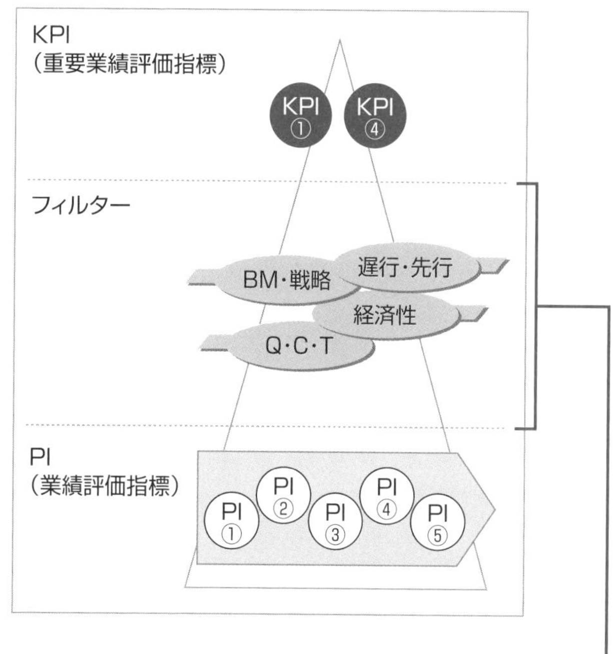

チェックポイント
①ビジネスモデルの革新と戦略性
②適格性
③信頼性
④定量的
⑤コミュニケーションの容易性
⑥データ補捉の容易性と経済性
⑦遅行指標と先行指標の検討
⑧Q・C・D/Tの側面の検討

KPIの対象期間で異なる目標値設定の特徴

選定したKPIの目標値は、対象期間やマネジメント・レベルの違いなどによりいくつかのタイプに分けることができます。

1 KPIの目標値のいくつかのタイプ

①業務レベルであれば、これまでの経験則からする標準値や継続的にステップアップしていく「**段階的目標**」が採用されます。

②中期経営計画などが対象とする戦術レベルであれば、非継続的な「**ストレッチ目標**」が採用されるでしょう。

③長期の戦略レベルであれば、変革を目指して「**BHAG(ビーハグ)**」を設定することも有効です。このBHAGとは、大きく困難で大胆な目標(Big Hairy Audacious Goal)の略で、コリンズとポラスが『ビジョナリー・カンパニー』で提唱した概念です。ジョン・F・ケネディー米国元大統領によるアポロ計画が好例として参照されます。米ソ宇宙戦争の最中の1961年に、1960年代に人間を月に到達させ無事に帰還させせると表明し、1969年にアポロ11号がみごと月面着陸に成功するというストーリーです。

2 KPIの目標値のアプローチ

先のダイエットを測定するKPIとして体重を選定した場合、**目標値設定のアプローチ**としては、大きく次の2つの方法があります。

①ベースラインに基づく目標値の設定：現在の体重が100kgとすると、これを基に達成可能な目標値を設定する方法です。

②健康目標に基づく目標の設定：体重を速やかに健康な状態まで持っていくためのストレッチな目標値を設定する方法です。

FIGURE 15 KPIの目標値のタイプ

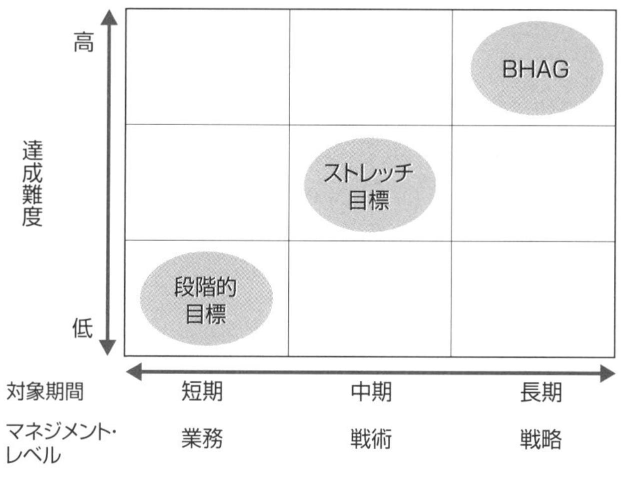

FIGURE 16 目標値のタイプ

対象期間	短期 （1年）	中期 （3年から5年）	長期 （10年から30年）
目標値のタイプ	段階的目標値	ストレッチ目標値	「BHAG」：大きく困難で大胆な目標（Big Hairy Audacious Goal）
特徴	・将来の目標を達成するための、タイムリーなフィードバックを提供する。	・3年から5年先に設定され、非継続的な業績を現している。 ・一般的に広く様々な活動に対して適用される。	・エグゼクティブが短期の目標を達成するために、長期の成果を犠牲にしないことを保証する。

財務のKPIのデータソースとなる財務諸表の理解

財務のKPIを理解するために、まずその分析対象となる「財務諸表」を知ることから始めましょう。

1 会計取引の記録から財務諸表が作成される

組織では、簿記という手法を使って会計上の取引を帳簿に記録し、日次、月次、四半期（3カ月）そして年次などの期間で取りまとめた財務諸表と呼ばれる業績レポート作成しています。

この手法は「**複式簿記**」と呼ばれるもので、地中海貿易のビジネスを金銭面で把握し、収益を分配するためのフレームワークとして西暦1500年頃にイタリアで誕生したシステムです。

2 財務の KPI のデータソースとなる財務諸表を理解しよう

外部開示と比較可能性などから、KPIの習得には**財務のKPI**を理解することが基本です。そのためには**財務諸表の構造**を理解することから始めましょう。

企業会計では個々の会計取引は帳簿に記録されてから、最終的には図表に示した財務諸表と呼ばれる代表的な三種類のレポートに集約されます。

①**貸借対照表**（B／S）：財政状態を表す報告書
②**損益計算書**（P／L）：経営成績を表す報告書
③**キャッシュフロー計算書**（CFS）：資金の出入りを示す報告書

これら3つの主要な財務諸表のことを、特に「**財務3表**」と呼んでいます。財務のKPIの多くは、これら財務3表と関連するデータを基に設計されています。

FIGURE 17 財務3表（B／S、P／L、CFS）

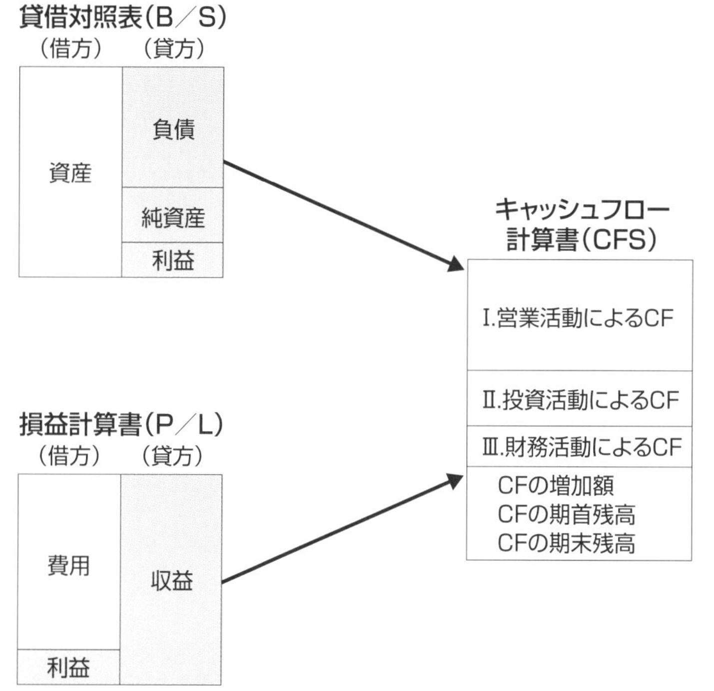

財務3表	略称	概要
貸借対照表	B／S	組織体の一時点における財政状態を示す計算書
損益計算書	P／L	組織体の一定期間における経営成績（つまり収益から費用を差し引いた利益がどのように出てきたか）示す計算書
キャッシュフロー計算書	CFSまたはC／F	組織体の一定期間における資金の出し入れを示す計算書

B／SとP／Lの関係を押さえておこう

貸借対照表（B／S）と損益計算書（P／L）の構造と関係を押さえていれば財務のKPIの理解が深まります。

1 貸借対照表は借方と貸方がバランスする

貸借対照表は、右側と左側の合計が常に一致する、つまりバランスするため、**バランスシート**（B／S）と呼ばれています。

①貸借対照表の右側：株主が拠出した資金は、右側（簿記では「貸方」）の「純資産の部」に、借入金などは「負債の部」に計上されます。貸借対照表の右側は、「資金調達の源泉」を示します。

②貸借対照表の左側：資金や棚卸資産などが左側（「借方」）の「資産の部」に計上され、「資金調達の運用」を示します。

2 損益計算書に示される複数の利益の意味

売上高は、**損益計算書**の貸方の「収益」に計上されます。そして売り上げた商品は売上原価として、販売員の人件費などは販売費一般管理費として、借方に「費用」として計上されます。損益計算書（報告式）では、分析しやすいように段階的に次の利益が示されます。

①「**売上総利益**」：売上高から売上原価を差し引いた利益

②「**営業利益**」：更に販売費及び一般管理費（略して販管費）を差し引いた本業の儲け

③「**経常利益**」：そこから有利子負債の金利などの営業外収益費用を加減して算出される経常活動による利益

④「**当期純利益**」：税金等を控除した後の利益で、これは貸借対照表の「純資産」の部に加減されます。

FIGURE 18 事業活動と貸借対照表・損益計算書の関係

貸借対照表（勘定式）

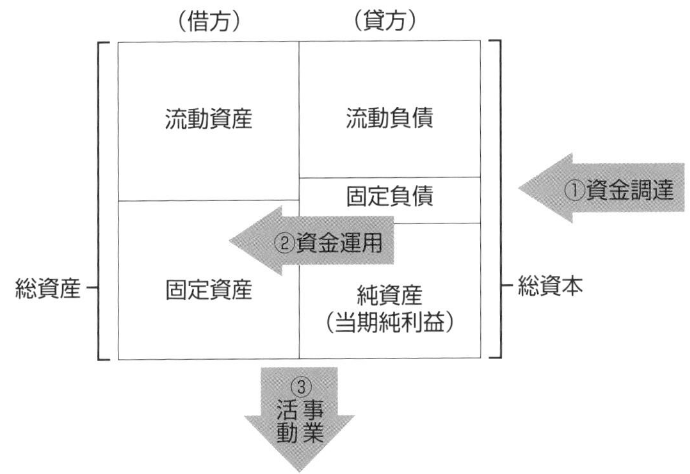

損益計算書（報告式）

損益計算書（勘定式）

（借方）	（貸方）
費用	収益
利益	

売上高
売上原価
　①売上総利益（粗利）

販売費及び一般管理費
　②営業利益 ………… 本業の儲け

営業外収益
営業外費用
　③経常利益 ………… 経常的な経営活動による儲け

特別利益
特別損失
　　税引前当期純利益 ………… 臨時の利益や損失を考慮した利益

法人税等
　④当期純利益 ………… 税金支払後の利益

財務に関するKPIを構造化して理解する

財務に関するKPIは、「企業価値の向上」を最上位の目的に据えて構造化すると理解しやすく、業務改革にも活用できます。

1 総合指標をトップに据えて展開する

企業価値を測定する**総合経営指標**として市場に流通し比較可能性が高いROE、ROAそしてFCF（フリーキャッシュフロー）などのKPIの中から、自社が戦略的に重視し、財務の視点のステークホルダーである投資家などの資金提供者に対してアピールしたいと考えるKPIをトップに設定します。

2 ツリーの構造で整理しよう

この**企業価値の向上**に向けて、「生産性の向上」と「収益の拡大」、必要に応じて「資本構成の適正化」を検討に加えます。

①「**生産性の向上**」では、

・「コスト構造の改善」について、損益計算書上の費用概念に対応させて、製造原価、売上原価、販売費一般管理費、そして営業外損益などの費用項目をどう改善するのかを明確にします。

・「資産使用率の改善」については、棚卸資産、固定資産などのどの資産項目の回転率を改善するかを明確にします。

②「**収益の拡大**」については、

収益ミックスとして「既存事業売上vs.新規事業売上」、「既存製品売上vs.新製品売上」、「海外売上vs.国内売上」のように、収益の拡大に関する戦略的なポイントが明確になるようにKPIを設定します。

FIGURE 19 財務の視点のKPIの構造

企業価値の向上

◆ROA
◆ROE
◆FCF

テーマ	生産性の向上		収益の拡大	資本構成の適正化
戦略目的	コスト構造の改善	資産使用率の改善	収益の拡大	資本構成の健全化
KPI	◆売上原価率 ◆売上高販管費率	◆総資本回転率 ◆棚卸資産回転率 ◆固定資産回転率	◆売上高成長率	◆自己資本比率 ◆財務レバレッジ

（凡例）

テーマ

戦略目的

◆KPI

財務に関するKPIでは「企業価値の向上」が最大の目標。

財務に関する主なKPIリスト

財務に関するKPIについては、ROE／ROAツリーの構造を活用することが増減要因の分析や計画策定に有効です。

1 財務分析には比率分析が有効

ごく限られた数の指標で企業の財務状況を判断しようとすれば、何を選びますか。売上高○億円、利益額○千万円といった実数値よりは、比率を用いることが効果的です。

比率分析には、流動比率、固定比率などの構成比率分析や相互比率分析などがあります。

損益計算書内での比率である売上高経常利益率や貸借対照表内の自己資本利益率も有効ですが、更に進んで貸借対照表と損益計算書の2つの財務諸表をまたがった、総資本利益率などを選択することが賢明です。

2 カテゴリー別に検討し増減要因の分析や計画などにつなげる

①「**企業価値**」については、利益率に留まらず、ROAなどの資本効率やキャッシュフローを検討しましょう。

②「収益の拡大」については、新製品／サービス売上比率などの収益ミックスを検討してみましょう。

③「生産性の向上」については、

・「コスト構造の改善」については、各段階の利益を検討してみましょう。

・「資産使用率の改善」については、棚卸資産、固定資産などの資産項目の回転率を検討してみましょう。

FIGURE 20 財務の視点の主なKPIリスト

カテゴリー	中分類	KPI
1) 企業価値	資本効率	ROA(総資本利益率)★(2・20)
		ROE(自己資本利益率)★(2・21)
		ROCE(使用総資本利益率)
		ROIC(投下資本利益率)
	利益率	売上高営業利益率
		売上高経常利益率
		売上高当期純利益率
		EBITDA(支払利息控除前・税金控除前・減価償却控除前の利益)
		EVA(経済付加価値)
2) 収益の拡大	収益拡大	売上高成長率
	収益ミックス	新規顧客売上比率
		新製品/サービス売上比率
	新製品開発	売上高資本的支出率
		イノベーション投資収益率
		新製品売上高比率
		新製品売上高利益率
3) 生産性の向上	コスト構造の改革	売上高原価率
		売上高販売管理費率
	資産使用率の改善	総資本回転率
		棚卸資産回転率
		固定資産回転率
4) 資本構成の適正化		自己資本比率
		財務レバレッジ
5) キャッシュフロー		FCF(フリーキャッシュフロー)★(2・22)
		キャッシュ・コンバージョン・サイクル

注) ★印を付したKPIについては、次章の「KPIディクショナリー」で概要とスポット解説を付してあります。

顧客に関するKPIを構造化して理解する

顧客に関するKPIは、マーケット、結果系そしてドライバーに分けて構造化するとロジカルで、マーケティング改革につながります。

1 顧客の視点の重要性

「**顧客の視点**」は、財務の視点と共に、現在並びに将来の顧客の立場から見た「外部の視点」であり、また「結果の視点」に分類されます。マネジメントの大家として著名なピーター・ドラッカーも「我々の事業は何かとの問いは、企業を外部すなわち顧客と市場の観点から見て、初めて答えることができる。」と語っているように、顧客の視点は、文字どおり顧客から見た視点であり、ビジネスモデルの設計や戦略の策定に当たってのスタート地点であり、最も重要な視点になります。

2 結果系のKPIから始めよう

顧客に関するKPIといえば、まず図の中ほどに示した**結果系のKPI**を思い浮かべることが多いと思います。そこで、第1章 Basics編では、まずこの結果系のKPIから始めるとにしましょう。

これら結果系の中にも、図に示したように、「顧客満足度」が高いことにより、「既存顧客維持率」が向上し、またこれが評判となり、「新規顧客獲得率」が向上するといった目的やKPI間の関係性があることがわかります。

図の下部に示した「顧客価値提案」については、顧客価値提案の概要、顧客価値提案別の戦略マップのテンプレートやKPIについて、第2章で詳しく解説します。

FIGURE 21 顧客の視点の構造（結果系）

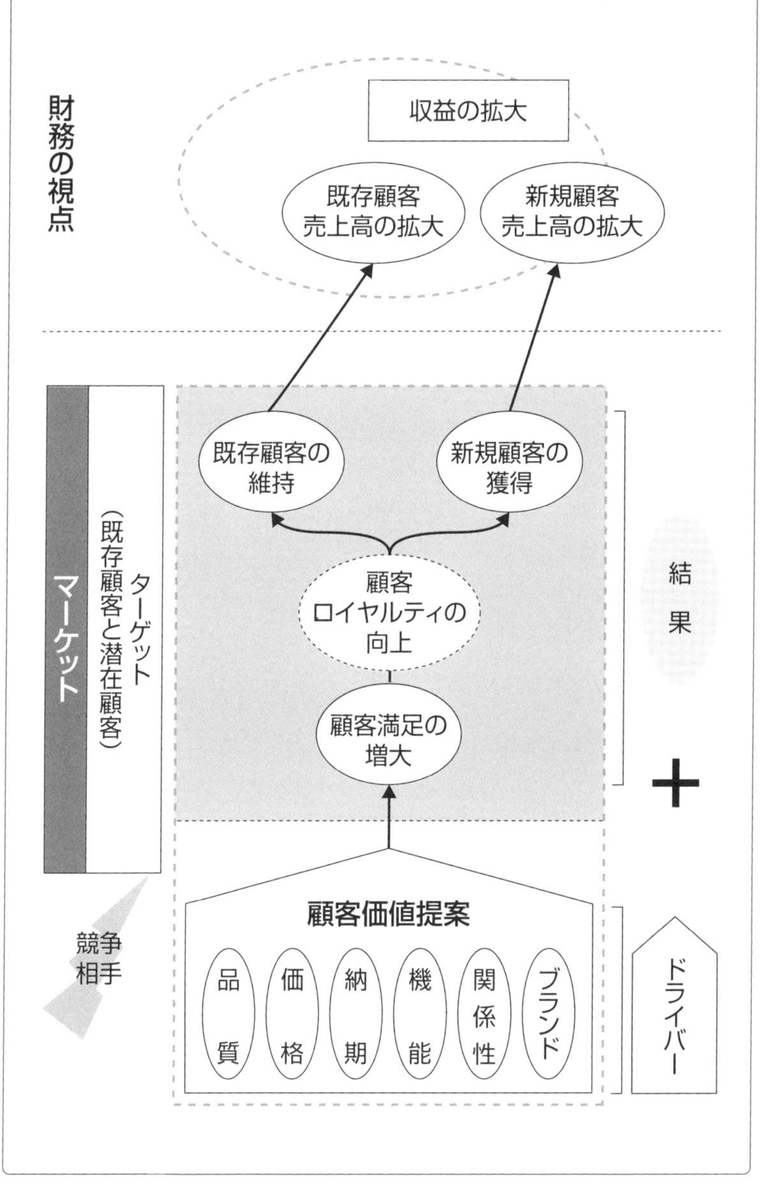

顧客に関する主なKPIリスト

顧客に関するKPIについて、顧客満足度に代表される結果系に加えて顧客価値提案の主なKPIのリストを示してあります。

1 結果系の KPI とドライバー系の KPI

顧客の視点に関するKPIは、顧客満足度に代表される結果系に加えて顧客価値提案の要素に分類して考えることが有効です。

①まず、マーケットの状況と自社の位置づけを知るKPIを検討しましょう。

②次に示してあるのが**結果系のKPI**です。

・収益／売上高については、事業の特性に注目することが大切です。

・顧客満足等については、新たなKPIが開発されている領域です。第2章（2・24）以下で解説します。

2 顧客価値提案の要素と KPI

「**顧客価値提案（CVP）**」については、日本では一般に紹介される機会が少なく、馴染みの薄いというのが現状ですが、顧客に関する結果系のKPIは、顧客に提案した重要な価値がドライバーとなって作用した結果であり、顧客価値提案を抜きにして顧客の視点を評価・測定することはできません。

顧客価値提案については、その概要に加えて、業務の卓越性（2・14）、製品の革新性（2・15）、顧客との親密性（2・16）といった顧客価値提案別の戦略マップのテンプレートやKPIについて、第2章で詳しく解説します。

顧客の視点の主なKPIリスト

カテゴリー	中間分類	KPI
1) マーケット		市場成長率
		マーケットシェア／市場占有率
		相対的マーケットシェア
2) 結果	収益／売上高	顧客収益性
		顧客当たり平均売上高
		顧客生涯価値／CLV★（2・26）
	新規とリピート	新規顧客獲得率
		顧客維持率（既存顧客売上高、再購入率、固定客割合）
		既存顧客喪失率
		顧客回転率
	顧客満足等	顧客満足度
		顧客エンゲージメント★（2・25）
		ネットプロモータースコア／NPS
		顧客ロイヤルティ
		ブランド資産価値
		顧客からのクレーム（苦情、クレームの頻度と内容）
3) 顧客価値提案	業務の卓越性	低価格
	製品／サービスの革新性	新製品／サービス投入リードタイム
	顧客関係性	顧客とのコミュニケーション（平均顧客対応時間、顧客訪問回数）

注★印を付したKPIについては、次章の「KPIディクショナリー」で概要とスポット解説を付してあります。

業務プロセスに関するKPIを構造化して理解する

業務プロセスに関するKPIは、バリューチェーンのフレームワークを参考に構造化すると理解しやすく、業務改革にもつながります。

1 バリューチェーンのフレームワークを活用しよう

図の上部は、経営戦略学者のマイケル・ポーターが提唱した「**バリューチェーン(価値連鎖)**」を示した有名な図です。

製造業を例にとれば、購買からマーケティング・営業、そしてアフターサービスに至るまでの直接業務と、財務や人的資源などのシェアード・サービス(支援プロセス)がバリューチェーンを構成する各機能/活動です。これらの機能/活動に必要なコストの合計から、顧客が価値を認めて支払った対価である売上高を差し引いた値が、右端に示されているマージンとなるように、組織体のバリューチェーン/価値の連鎖が示されています。

日本では、製造業を中心に、**TQC/TQM(総合的品質管理)**が普及したこともあり、購買、製造や品質管理の領域の業務レベルのKPIが数多く開発され、運用されています。

2 サプライチェーンまで守備範囲を拡大しよう

図の下部は、「**サプライチェーン(供給連鎖)**」を示しています。原材料から製品を最終消費者の届けるまでの全工程をカバーしている企業はめったに存在しません。そこで、サプライチェーンのプレイヤー間で情報を共有して、在庫を最適化することにより、キャッシュフローを増やすしくみとしてのサプライチェーン・マネジメントが発展してきました。

23 バリューチェーンの視点の構造(バリューチェーンとサプライチェーン)

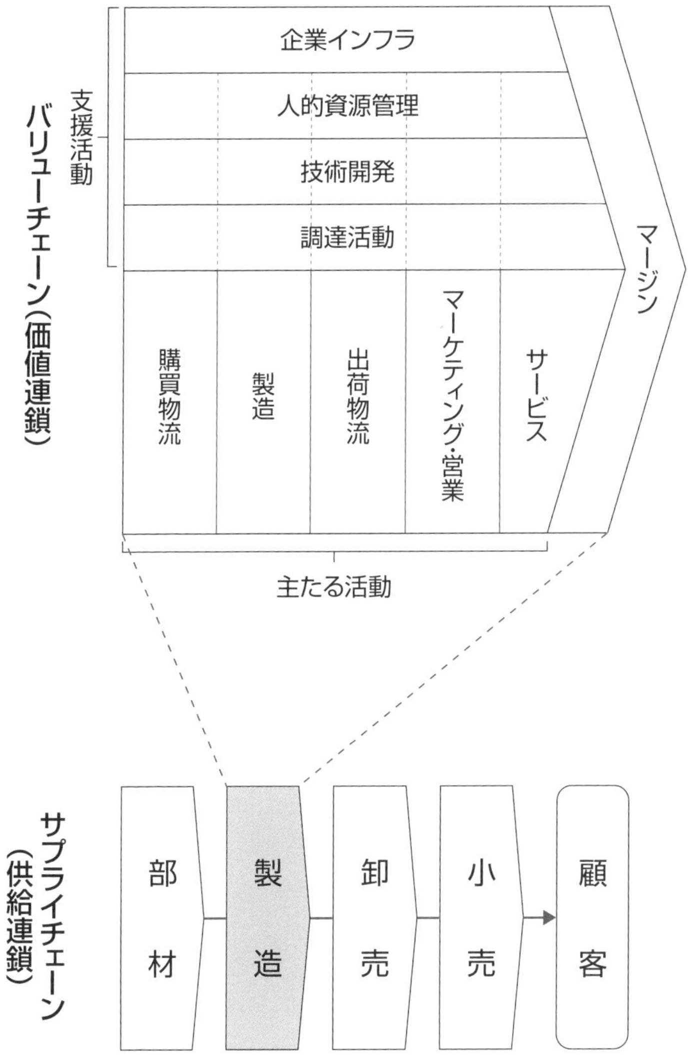

業務プロセスに関する主なKPIリスト

業務プロセスに関するKPIリストとして、バリューチェーンを構成する各機能に係る主なKPIを示してあります。

1 バリューチェーンの機能別 KPI と QCD

業務プロセスに関するKPIをバリューチェーンの各機能別に、そして機能のQCDの観点から検討してみましょう。

①バリューチェーンの各機能別の分析

バリューチェーンに従って、「革新／研究開発」、「調達」、「製造」、「物流」、「マーケティングと販売」そして「アフターサービス」という機能別にKPIを検討してみましょう。

②機能や活動のQCDの観点による分析

QCDは「うまい、安い、はやい」などと表現されるように、機能や活動を測る重要な視点を提供してくれます。ここでQCDとは、

- **Q（品質）**：製品やサービスの最も基本的な要素です。
- **C（コスト）**：顧客に提示するP（価格）に反映されます。
- **D（納期）**：製品の革新性においては、新製品の上市のタイミングという意味でT（Time-to-Market）を用います。

2 オンラインマーケティング・販売を測る KPI

B2C（ビーツーシー）と呼ばれるインター―ネットによる直接販売を測る次のようなKPIが開発されています。

- 検索ランキング（キーワード別）とクリック率
- ページビューと直帰率
- オンライン顧客のエンゲージメントレベル

FIGURE 24 プロセスの視点の主なKPIリスト

カテゴリー	KPI
1）革新／研究開発	特許申請件数
	特許の平均年数
	新製品開発件数（計画比、競合会社比）
	新製品開発の成功件数／率
	売上高研究開発費比率
	タイム・トウ・マーケット★（2・28）
	イノベーションパイプライン強度
2）調達	サプライヤー・リードタイム
	サプライヤー納入実績
3）製造	シックスシグマレベル
	在庫回転率
	棚卸差損率
	直行率
	手直しレベル
	品質指数
	設備稼働率
	総合設備効率
	プロセス／マシンダウンタイムレベル
4）物流	運行効率
	誤ピッキング率
	共同物流導入率
5）マーケティングと販売	コスト・パー・リード
	顧客転換率
	顧客注文充足サイクルタイム／OFCT
	顧客注文サイクルタイム
	全品目・オーダの納期達成率／DIFOT★（2・29）
6）アフターサービス	サービスの質
	問題処理時間
	一次解決率／FCR

注）★印を付したKPIについては、次章の「KPIディクショナリー」で概要とスポット解説を付してあります。

学習と成長に関するKPIの構造を理解する

学習と成長に関するKPIについては、情報資本、人的資本そして組織資本の主なKPIのリストを示してあります。

1 経営資源の視点の構造

バリューチェーンの視点で取り上げた重要な機能／活動を実施するためにはヒト、モノ、カネそして情報という**経営資源**が必要となります。例えば受注活動なら、人的資本である営業担当が行ったり、インターネット経由で情報資本であるICT（情報通信技術）が処理するように、バリューチェーン上の活動を実行するために必要とされる経営資源の領域です。

2 学習と成長の視点の KPI

経営資源の中でも、**知的資本**の重要性が高まりを示しています。**バランス・スコアカード**（BSC）では、知的資本を「**学習と成長の視点**」で捉えています。「学習と成長の視点」は、「内部の視点」であり、次に掲げるような情報資本、人的資本そして組織資本などの知的資本を含むため、顧客の視点と同様にKPIによる定量化が難しい領域とされています。

①**情報資本**：インフラ、トランザクション、分析そしてトランスフォメーション・システム

②**人的資本**：個人の業務知識、技能そして価値観

③**組織資本**：グループとしての組織文化、チームワークそしてリーダーシップなど

知的資本については、第2章（2・6）と（2・7）で解説します。

25 学習と成長の視点の主なKPIリスト

カテゴリー	KPI
1）情報資本	情報資本アプリケーションの戦略的レディネスの状態
	ITインフラの戦略的レディネスの状態
	戦略的情報カバレッジ率（リアルタイム処理業務比率、顧客情報オンライン化比率）
	IT開発費
	ITコスト比率
2）人的資本	
・アウトプット（財務）	人的資本が生み出した付加価値
	従業員生産性（従業員当たり売上高）
・アウトプット（非財務）	従業員満足度（参画意識、不平不満、ストレス指標、異動願い件数）
	従業員エンゲージメントレベル★（2・30）
	忠誠心
	従業員による自社推薦度
	従業員定着率（従業員回転率）
	従業員離職率（自己都合退職率）
	従業員平均在職期間
	欠勤ブラッドフォードファクター
・プロセス	360度評価スコア
	採用に要する時間
	教育とスキル（教育時間数、教育コスト、個別スキル・インデックス）
	トレーニングの投資利益率
3）組織資本	従業員調査（顧客志向。ミッション、ビジョン、バリューの理解。戦略認知）
	組織風土調査
	ベストプラクティス共有量
	従業員の配転比率
	提案実施件数
	従業員当たり提案件数

注）★印を付したKPIについては、次章の「KPIディクショナリー」で概要とスポット解説を付してあります。

COLUMN

教訓1 暗がりに落とした鍵の例え

KPIを始めとする**パフォーマンス・マネジメント**の世界でもしばしば引用される中近東に伝わる有名な話を紹介しましょう。

ある晩、外で人が何かしているのに出くわしたので、「何をしているのですか」と尋ねると、、、「鍵を落とした」のだという。一緒になって探してはみたものの、一向に鍵は見つからない。そこで、改めて「確かにこのあたりで落としたのですか」と尋ねたところ。「もうすこし先で落としたらしい」との答えが返ってきた。「では何故、あちらを探さないのですか」と再び尋ねてみると、、、

「こちらの方が、街灯の下で、明るいから」という答えが返ってきたというお話です。

街灯の下が明るいからといって、落としてもいない場所を懸命に探してみても鍵は永遠に見つかる筈はありません。このお話は実に、たわいも無い話のようにも思えるでしょう。ただ残念なことに、パフォーマンス・マネジメントの世界では、この種の過ちが繰り返されているのです。ここで明るくて探しやすいとは、既に測定しているKPIや、測定し易いKPIではあるが、本質をついていないKPIを使って評価していることを意味しています。このような理由や方法で、KPIを設定・選択してはいないか留意する必要がります。

KPI Advance 編

❶KPIの新たなタイプを学ぼう（2・1〜2・5）
❷KPIの進化形BSCとは何か（2・6〜2・7）
❸KPIを戦略マネジメントに活かそう（2・8〜2・18）
❹KPIのショーケース（Advance編）（2・19〜2・30）

遅行指標と先行指標で因果関係をつかもう(タイプ4)

KPIを単独で見ずに、関係する複数のKPIをつなげることで、成功へのシナリオを組み立てることができる。

1 KPIをつなげることで効果は高まる

売上高という結果系のKPIをチェックすることで、今期の業績の好調さを確認することができます。但し、

・なぜ、今期は売上が好調だったのか？　その要因は何か？

・来期もこの好調を持続するには、何をどうすればよいのか？

売上高という遅行指標だけでは、これらの問いに答えることは困難です。

KPIをつなげることによって格段と視界が開けてきます。

2 遅行指標と先行指標を組み合わせよう

結果が出る前に、事前に手を打つべきかを教えてくれるKPIを「**先行指標**」と呼びます。図に示した例では、「接客時間」を充分にとったか、「提案書提出件数」は充分であったかなどです。そして、それらの努力の成果である「マーケットシェア」や「売上高」を、「結果指標」と呼んでいます。

先行指標と結果指標をつなげれば、要因分析と将来に向けた対策も可能になります。

(2・6)で紹介する**バランス・スコアカード**(BSC)の提唱者であるキャプランとノートンは、「良きバランス・スコアカードは、成果指標(遅行指標)とパフォーマンス・ドライバー(先行指標)を適度に組み合わせたものでなければならない。」と語っています。

FIGURE 1 KPIをつなげば、効果は倍増する

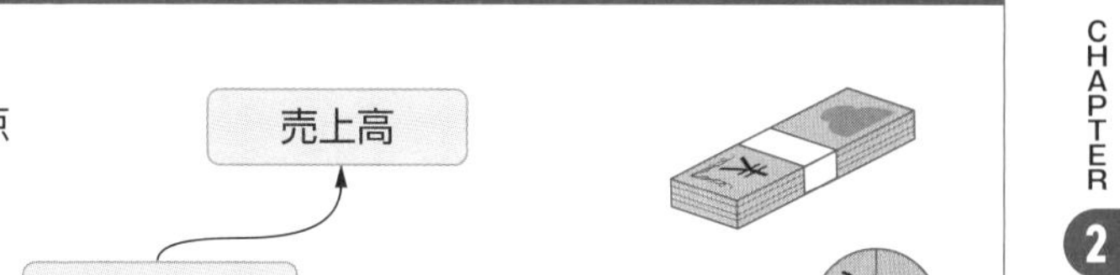

FIGURE 2 先行指標と遅行指標

	先行指標	遅行指標
別称	・プロセス指標 ・パフォーマンス・ドライバー	・結果指標 ・成果指標
意味	・プロセスを報告する ・問題の発生を予見し、予防を可能にする ・成果がいかにして達成されたのかを示す	・結果を報告する
認識のタイミング	・結果が出る前	・結果が出てから
特徴	・組織に固有な傾向がある	・業種や企業を問わず共通である場合が多い
例	・接客時間 ・提案書提出件数 ・欠勤率	・売上高 ・マーケットシェア ・従業員満足度

機能を横断するKPIで全体最適を測ろう（タイプ5）

機能横断（クロスファンクショナル）KPIを活用して、全体最適を目指し、スピードの向上と効率化を達成しよう。

1 機能別組織のメリットとデメリット

近代の経営組織は、専門特化することによって学習効果や効率を高められるように、機能（ファンクション）別分化が進められてきました。この**機能別組織**は、欧米では干し草を格納する「サイロ」、そして日本では「タコツボ」とも称され、お役所仕事で窓口をたらい回しにされることに例えられるように、部門主義による個別最適化が助長され、組織全体での最適化を阻むという負の側面が指摘されており、BPR（ビジネス・プロセス・リエンジニアリング）の必要性が提案されてきました。

「タコツボを破壊しよう！」これがBPRの神髄なのです。

2 機能別から機能横断（クロスファンクショナル）のKPIへ

このような環境の下で、機能別KPIに加えて、新たに「**機能横断（クロスファンクショナル）KPI**」または「**統合的KPI**」の重要性が高まってきています。

「機能横断KPI」の例としては、

・新製品開発に係わるKPIとして新製品上市に要する時間を意味する「タイム・トウ・マーケット」（2・28で解説します）

・サプライチェーンを跨ったKPIとしては、納期どおりに顧客に届いた完了オーダの率を示す「納期遵守率」

などが挙げられます。

3 個別機能の測定から全体最適の測定へ

測定し難いコトにもチャレンジし、測定しよう（タイプ6）

顧客満足度や従業員満足度など重要なコトほど数値化することが難しい。では、どうやって測るのか？

1 「測定できないものは管理できない」

パフォーマンス・マネジメントの世界の有名な格言に、「測定できないものは、管理できない」というものがあります。そうはいうものの、ビジネスの世界は定量的に測定し管理できるものばかりではありません。例えば、顧客満足度や従業員満足度など、人、とりわけ人の心理に係わる領域は、定量化を難しいものにしています。このような定性的な項目を「**ソフトデータ**」と呼んでいます。

2 ハード（定量的）KPIとソフト（定性的）KPI

冬季スポーツのスピードスケートとフィギャースケートの違いを考えてみるとよく分ります。双方、**数値化（定量化）**して、その得点の高さを争う競技なのですが、

・スピードスケートは、百分の一秒単位という客観的な数値を競う競技であり、客観的な測定・評価が可能です。

・フィギャースケートは、複数名のジャッジが判断する技術点、ジャンプ、そして演技構成点から構成される得点で争います。採点の透明性を高めるための工夫がなされてはいるものの、その評価はジャッジによる主観的な評価となっています。

このような「ソフトデータ」の測定手法としては、インタビューやオブザベーション・スタディーによる手法があり、レーティング・スケール（5ポイントや10ポイントなど）が活用されています。

FIGURE 4 ハードとソフトのKPI

「測定できないものは、管理できない」

ハードデータ(定量的、客観的、絶対的)

客観的な評価

*タイム

主観的な評価

*出来栄え点

*芸術点

ソフトデータ(定性的、主観的、相対的)

トランスフォメーションへと導くKPIを探せ（タイプ7）

ビジネスのトランスフォメーション（変容）の状況を見える化するのがトランスフォメーショナルKPI。

1 「KPIクアドラント」でKPIの革新度を整理しよう

ビジネスの革新に対応して、それを的確に測るべくKPIの改良、革新が進められてきています。著者は、ビジネスモデルの革新性の度合いを縦軸に、KPIの新規性を横軸に置いた「KPIクアドラント（**四象限**）」を開発し、KPIを次のように分類しています。

象限Ⅰ：①「**既存のKPI**」

象限Ⅱ：②既存のKPIをサポートする「**補完的KPI**」
　　　　③既存のKPIに取って代わる「**代替的KPI**」

象限Ⅲ：④新規のビジネスモデルに対応する「**トランスフォメーショナル**（Transformational；変容的）KPI」

2 トランスフォメーショナルKPIが変革へと導く

「何を測定するかにより、世界の見方が変わってくる。（中略）旧式のレンズで世界を見続けている限り、決して新たな世界を見ることはできない。」（出典Spitzer 2007）と言われるように、組織を明らかに高次元の業績へと導く新規で革新的なトランスフォメーショナルKPIを知ることは、**ビジネスモデルの革新**にも役立ちます。組織は「既存のKPI」に加えて、新たなKPIの選定・開発するニーズも高く、これを受けて調査会社やコンサルティング会社などが新たなKPIを開発し、ベンチマーキング・サービスなども提供するケースも増えています。

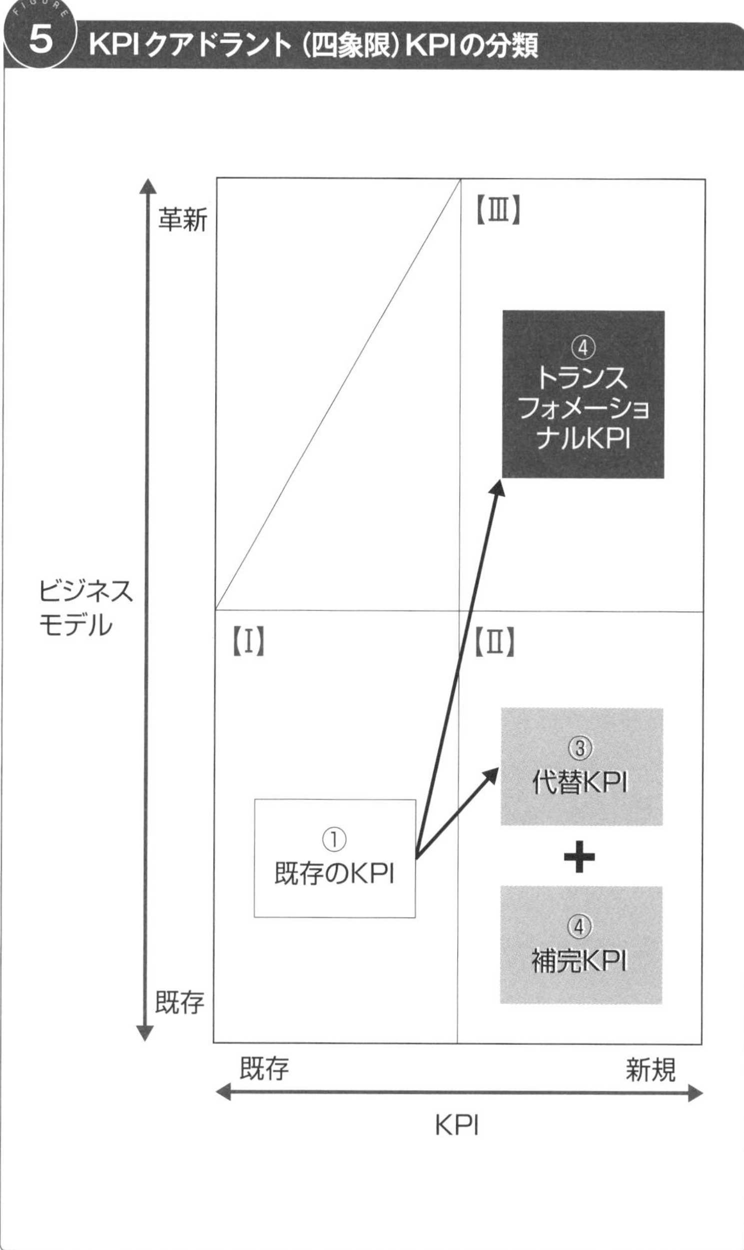
FIGURE
5
KPIクアドラント（四象限）KPIの分類
革新
ビジネス
モデル
既存
【Ⅲ】
④
トランス
フォメーショ
ナルKPI
【Ⅰ】
①
既存のKPI
【Ⅱ】
③
代替KPI
+
④
補完KPI
既存
新規
KPI

KPIを公開すれば、自ずとその質は向上する（タイプ8）

KPIとその目標値の開示は、マネジメントによる報告責任を伴うためKPIマネジメントの質の向上につながります。

1 ステークホルダーが求めるKPIの外部開示

KPIは本来、パフォーマンス・マネジメント、そして戦略やビジネスモデルのマネジメントのツールであり、第一義的には内部の経営管理者が用いるツリーです。

企業と投資家との対話の重要性が高まる中にあって、本来の内部管理に加えて、ステークホルダーとのコミュニケーション・ツールとして財務および非財務のKPIとその目標値を設定し、モニタリングし開示することが求められるようになってきました。

2 「統合報告書」で財務と非財務のKPIを開示する

投資家を筆頭に、顧客、業者、地域社会、政府などの多様な**ステークホルダー**との対話の質を高めると期待されているのが「**統合報告書**（Integrated Report）」です。

統合報告書は、財務情報のみならず、広く経営環境、ビジネスモデル、戦略、ESG（環境・社会・ガバナンス）などの情報を取り扱っており、統合報告書には、財務そして非財務の情報KPIが含まれています。

統合報告書の作成に当たって参考となる「国際統合報告フレームワーク」が2013年に国際統合報告評議会から公表されており、日本ではグローバル企業を中心に、2019年には500社を超える企業が統合報告書を発行しています。

FIGURE 6 KPIの開示は質の向上につながる

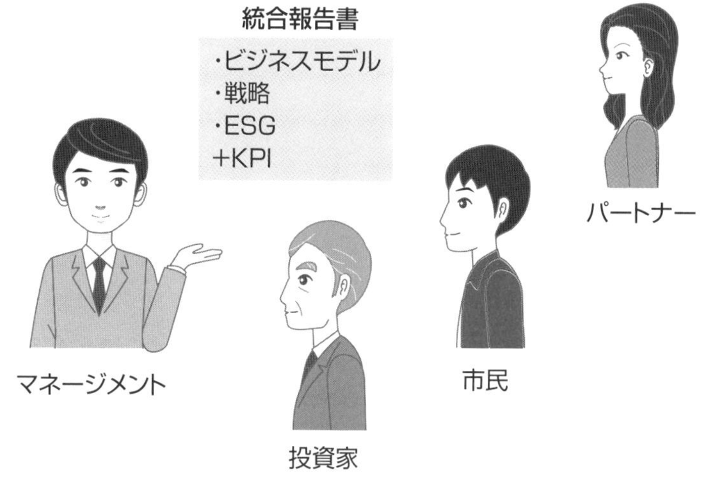

統合報告書

・ビジネスモデル
・戦略
・ESG
+KPI

パートナー

マネージメント

市民

投資家

FIGURE 7 統合報告書はコミュニケーション・ツール

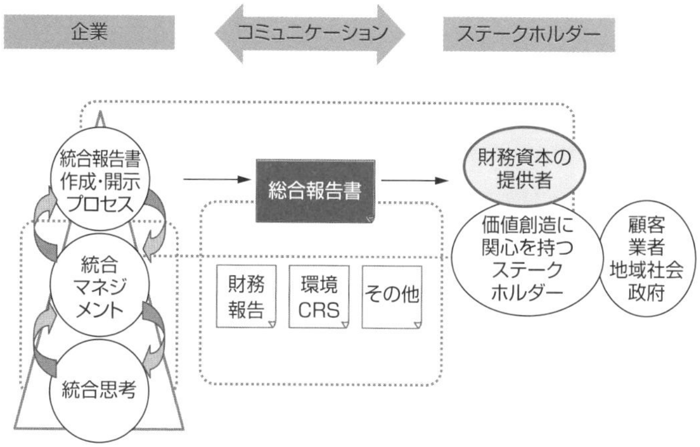

企業

コミュニケーション

ステークホルダー

統合報告書作成・開示プロセス

統合マネジメント

統合思考

総合報告書

財務報告

環境CRS

その他

財務資本の提供者

価値創造に関心を持つステークホルダー

顧客
業者
地域社会
政府

BSCが切り開くKPIマネジメントの新展開

バランス・スコアカード（BSC）は、財務偏重の短期志向からの脱却や、顧客や従業員重視をバランスのとれたKPIでサポートします。

1 KPI間のバランスをとることの重要性

3カ月ごとの四半期決算がマネジメントを短期志向へと向かわせているといった課題に対処するため、21世紀に生き残る組織体のためのパフォーマンス・マネジメントのフレームワークとして、米国のロバート・キャプランとデビッド・ノートンにより1992年に提唱されたのが**BSC（バランス・スコアカード）**です。図に示したように、財務と非財務、過去・現在・未来、そして外部と内部の視点をバランスよくマネジメントすることを提案しています。

2 BSCの「4つの視点」を押さえよう

BSCの重要な特徴の1つが、組織体をそのステークホルダーの立場から視るという「**視点（パースペクティブ）**」の概念です。BSCといえば即、「**4つの視点**」が思い浮かぶくらいに、次の4つの視点はBSCの代名詞ともなっています。

①**財務の視点**：投資家は何を望んでいるか

②**顧客の視点**：顧客は何を求めているか

③**業務プロセスの視点**：パートナーの質は高いか

④**学習と成長の視点**：従業員のモチベーションは高いか

ステークホルダーを意識したこの4つの視点は、営利組織の戦略を構成する視点としては、非常に汎用性が高く、フレームワークとして活用することができます。

FIGURE 8 BSCの4つの視点と3つのバランス概念

4つの視点

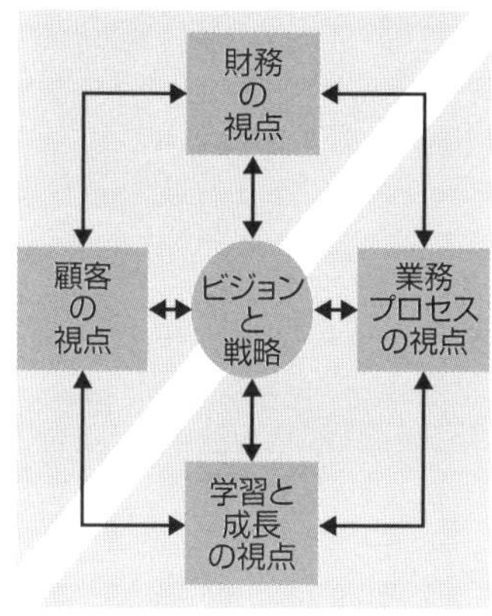

(1)財務と非財務の視点間のバランス

(2)過去、現在、将来の視点間のバランス

(3)外部と内部の視点間のバランス

知的資本が企業価値を決める時代の業績管理

企業価値の形成に重要な役割を果たす知的資本を、BSCで見える化しマネジメントしよう。

1 知的資本の重要性の高まり

米アップルは自社工場を所有していません。ユニクロを展開するファーストリテイリングも同様に、工場を持たないファブレスのビジネスモデルです。企業価値を構成する要素の中で、かつての土地、建物、機械装置などの有形資産のウエイトは低下し、**知的資本**の重要性が高まってきています。

2 BSCの「木の根っ子」のたとえがわかりやすい

知的資本は、原則として貸借対照表（1・15と1・16を参照）上には乗ってこない、いわゆる「オフバランス」です。

この知的資本の重要性を説明するのに、BSCでは、樹木の根っ子に例えて説明しています。図を見てみましょう。

①「財務の視点」は、今期たわわに実った「果実」を示しており、利益等はいままでの努力が実を結んだ結果です。

②「顧客の視点」が「枝葉」で光合成を、

③そして「業務プロセスの視点」が「幹」にあたり、これらが栄養を運んでくれます。

④地中で見ることができないが最も重要な「根っこ」に当たる部分が、「学習と成長の視点」といわれる知的資本です。

以上をまとめると、この木のたとえは、4つの視点を跨った原因と結果の関係を表していることがわかります。

FIGURE 9 BSCの4つの視点と「木の実と根っこ」の例え

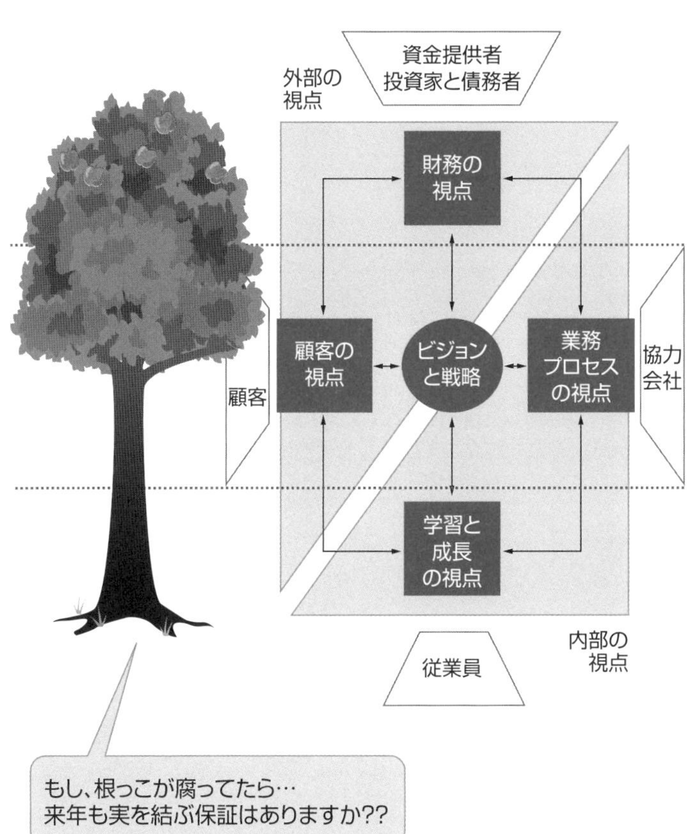

もし、根っこが腐ってたら…
来年も実を結ぶ保証はありますか??

ROEツリーでは現場を動かすには不充分

ROEツリーは、分析やアクションのフレームワークですが、非財務のKPIで管理している現場を動かすには限界があります。

1 再び注目を浴びるROEツリー

財務分析を学んだ人にとって、財務のKPIを展開するフレームワークとして馴染みの深いものの1つに「**ROEツリー**」や**ROAツリー**があります。

これは財務分析の中の収益性分析で用いられるもので、米国化学メーカーのデュポン社が1919年に開発した分析手法です。

図に示すように、財務諸表の項目や勘定科目に従って分解するもので、木が枝を広げている形状から、ROEツリーまたは、開発者の名をとって**デュポン・ツリー**とも呼ばれています。

2 財務指標のみの展開では限界がある

図に示したように、ROEツリーは、財務諸表のカテゴリーや勘定科目を展開・分解してゆく手法で、現場で管理されるKPIは、ツリーの最先端にあたる図表の右側に登場します。当然のこととして、**財務のKPI**に限定されることになります。

「在庫回転日数」については、計測単位は日数になっていますが、計算自体は在庫残高を売上高や仕入高などで割って計算できるもので、財務のKPIです。

現場では**非財務のKPI**で管理されているケースが多く、財務のKPIを中心に展開するROEツリーでは、とても現場にまで落とし込めてはいないことが理解できるでしょう。

FIGURE 10 ROEツリー

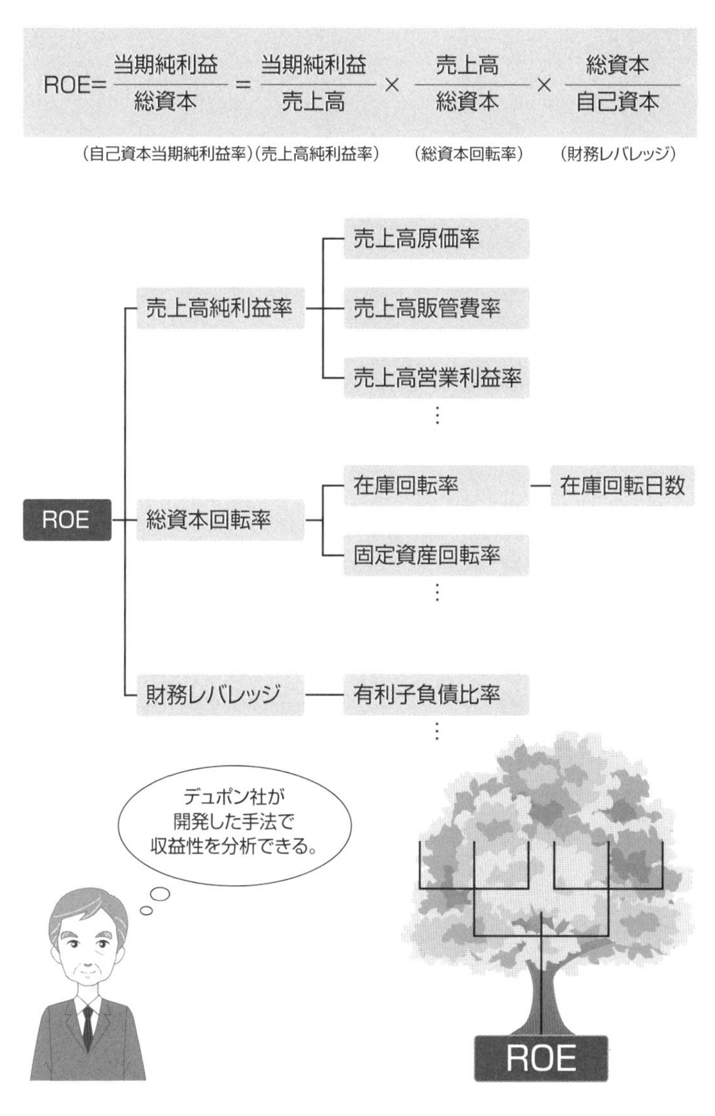

「目的が第一、KPIは第二」なら現場とつながる

KPIにこだわることなく、「目的が第一、KPIは第二」の思考が、財務目標と現場をつなぐ架け橋になります。

1 財務KPIと現場をつなぐ方法とは

ROEツリーでは、非財務のKPI中心で動いている現場まで充分に関連付けることはできないことがわかりました。

BSCが誕生し、普及・発展していく過程で、財務目標と現場をつなげる画期的なアイディアが生みだされました。それは上位レベルのKPIを無理に分解するのではなく、図に示したように**KPIで測ろうとしている目的**（や課題）は何かに焦点を当てて、「目的」を展開した後で、展開された目的を測るKPIを見つけ出すというアプローチです。

2 「目的が第一、KPIは第二」の発想に転換しよう

「戦略とは、仮説のセットである」と言われています。次の（2・10）以降で詳しく解説する「**戦略マップ**」は、「戦略目的」の連鎖によって、戦略を可視化するフレームワークです。

図に示すように、「○○○を向上させるために、△△△を削減する」という仮説を表現するために、戦略マップでは、それぞれの戦略目的の間を線や矢印で結んでリンケージ（因果関係）を示します。このアプローチを採用することにより、定性的な**戦略目的間のリンケージ**は、定量的な**KPIと目標値のリンケージ**によって裏付けられることになり、トップレベルの財務のKPIは、現場が活用している非財務のKPIと無理なくつなぐことが可能になりました。

FIGURE 11 目的間の連鎖はKPI間の連鎖により裏付けられる

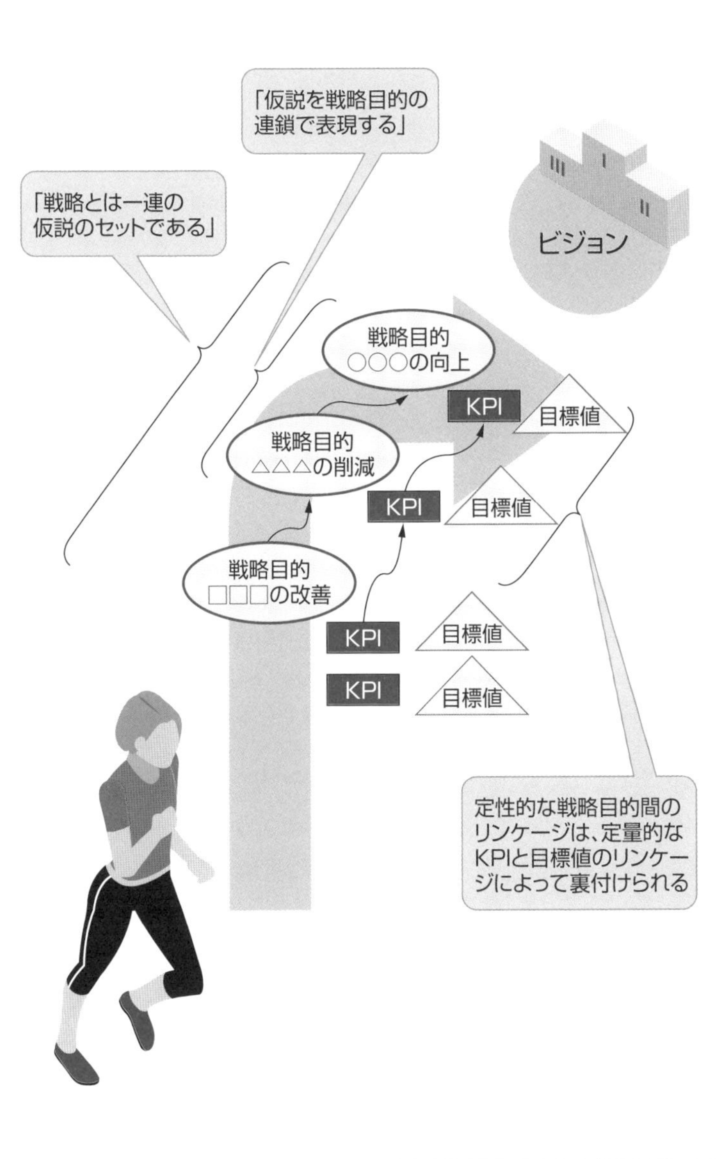

戦略マップで戦略ストーリーを描いてみよう

戦略マップを使えば、誰でもロジカルな戦略ストーリーを組み立て、KPIと関連付けやすくなります。

1 戦略のストーリーを伝える「戦略マップ」の登場

戦略マネジメントのプロセスは、大きく策定と実行の2つのフェーズに分けることができます。「**戦略の策定**」フェーズについては、研究者やコンサルティング会社により様々なアプローチや手法が開発され公表されてきているのですが、「**戦略の実行**」フェーズを支援するフレームワークはあまり存在していませんでした。

2 戦略マップの標準的な構造

戦略マップは、BSCを導入していた複数の組織体から自然発生的に誕生したものを、BSCの提唱者である**キャプランとノートン**が、1998年頃に「**戦略マップ（Strategy Map）**」と名付け、汎用的なフレームワークを発表したものです。

戦略マップは、（2・9）で解説したように、戦略を「戦略目的」のつながり、つまりKPIのつながりで捉えるフレームワークです。BSCの**4つの視点**ごとに次のコンセプトが採用されています。

・財務の視点＝ROE、ROAツリー

・顧客の視点＝顧客価値提案（CVP）

・業務プロセスの視点＝バリューチェーン

・学習と成長の視点＝知的資本

そして、なによりも矢印で示されている「つながり」でストーリーを語るという基本構成になっています。

FIGURE 12 戦略マップの基本構造：価値創造のための戦略ストーリー

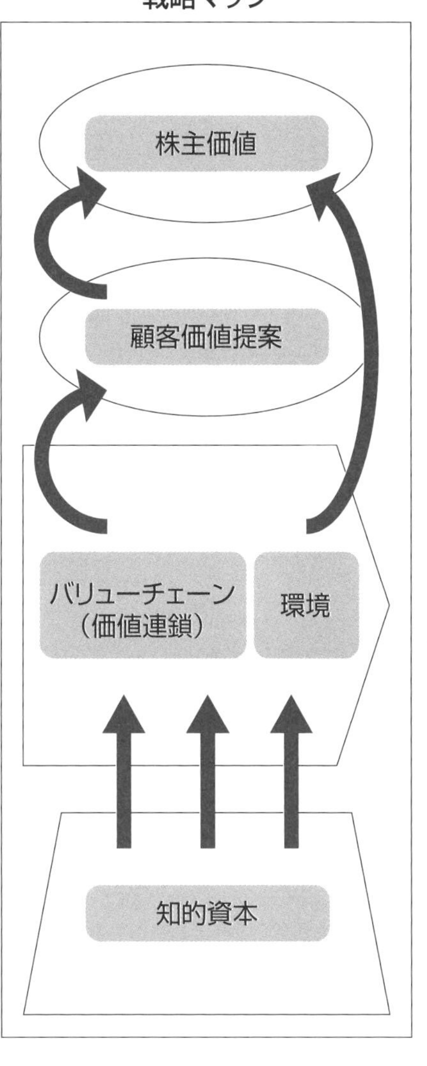

戦略はいくつのKPIでマネジメントできるのか？

戦略マップにはいくつのKPIが必要になるのか。シンプル・イズ・ベスト。戦略目的を絞り込み、KPIを厳選すること。

1 戦略目的の数は視点ごとに７±２件を目標とする

コミュニケーションのツールである**戦略マップ**は、理解しやすく、重要ポイントや異常点などをモニタリングしやすいことが重要です。そこで、戦略を構成する「戦略目的」の数は、シンプル思考、重点管理の観点から制限する必要があります。著者は、目的の数を設定するのに、「マジカル・ナンバー7±2」を参照するように勧めています。ここで**マジカル・ナンバー**とは、一般的な人間が情報を一度に識別、記憶し扱うことのできる変数は7±2の範囲内であるとする考えで、米国の心理学者ジョージ・ミラーが1956年に提唱したものです。

2 戦略目的を測るKPIの数は平均１．５個に厳選する

シンプル・イズ・ベストです。1つの「戦略目的」に対して、1つの「KPI」で測定することが原則です。1つでは不充分であったり、必要なKPIが、データやシステムの未整備など何らかの理由で捕捉できない場合には、**代替指標**を複数設定することで対応することになります。KPIの数を多くすればするほど、データの捕捉や管理といった手間が増えて運用面からも好ましくありません。そこで、KPIについては1つの「戦略目的」に対して平均1．5を目安にするとよいとされ、戦略マップには、視点が４つ×戦略目的が7±2件×KPIが平均1．5個なので平均42個のKPIで測ることになります。

FIGURE 13 いくつがよいだろうか？

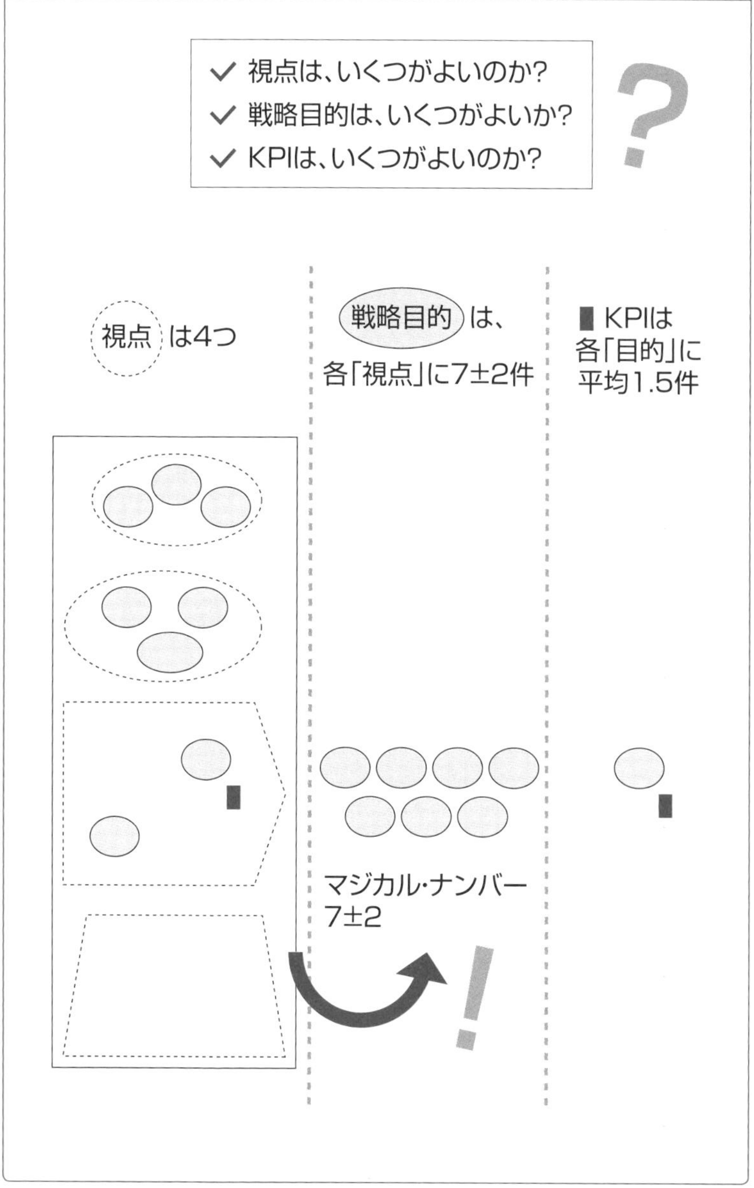

✓ 視点は、いくつがよいのか？
✓ 戦略目的は、いくつがよいか？
✓ KPIは、いくつがよいのか？

戦略のストーリー作りは顧客からスタートしよう

戦略のストーリー作りは、マネジメントと競争戦略の両巨星が薦める「お客様ファースト」からスタートしよう。

1 ドラッカー〜顧客が事業の出発点になる

マネジメントの巨星ピーター・**ドラッカー**は、顧客の視点の重要性を次のように強調しています。

- ・顧客を満足させることが、企業の使命であり目的である。
- ・「われわれは何を売りたいか」ではなく、「顧客は何を買いたいか」と問う。「われわれの製品やサービスにできることはこれである」ではなく、「顧客が価値ありとし、必要とし、求めている満足がこれである」と言う。

BSCでは、この売り手側からではなく、顧客側から見た目を「**顧客の視点**」と呼んでいます。

2 ポーター〜顧客価値提案にシステムを合わせよ

経営戦略学者のマイケル・**ポーター**も、「効果的な戦略とは、顧客価値提案にすべてのシステムを合わせる」ことであるとしています。ここで、「**顧客価値提案**（CVP：Customer Value Proposition）」とは、競争で勝つには、「低コスト」で勝負するのか、それとも「差別化」で勝負するかの何れかの選択を意味します。

これを**戦略マップ**上で表すと図のようになります。戦略マップのメリットは、財務の視点と顧客の視点で定義した価値提案に、業務プロセスの視点と学習と成長の視点という内部の視点を合わせるフレームワークを提供することにあります。

FIGURE 14 戦略マップの縦の因果関係

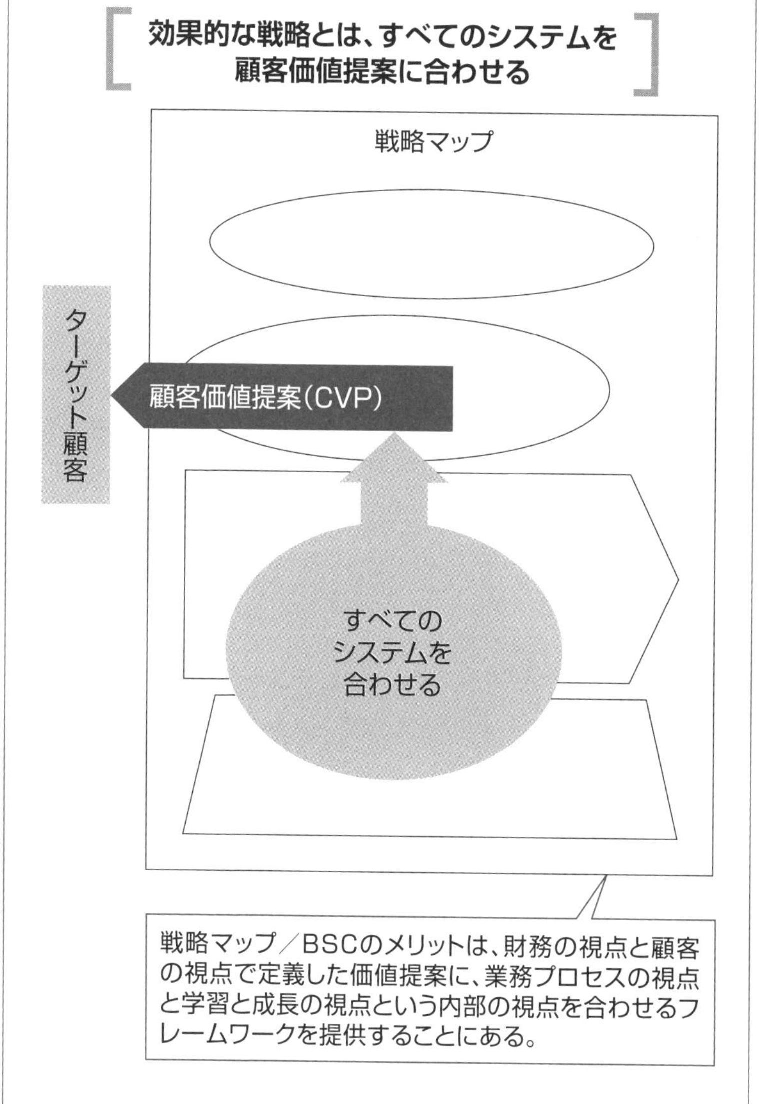

効果的な戦略とは、すべてのシステムを
顧客価値提案に合わせる

戦略マップ

ターゲット顧客

顧客価値提案(CVP)

すべての
システムを
合わせる

戦略マップ／BSCのメリットは、財務の視点と顧客の視点で定義した価値提案に、業務プロセスの視点と学習と成長の視点という内部の視点を合わせるフレームワークを提供することにある。

顧客価値提案が戦略のストーリー作りの柱になる

「お客様ファースト」では、顧客価値提案で選択された差別化要素が、戦略のストーリー作りの柱となります。

1 顧客価値提案のタイプがストーリーをつなぐ

顧客の視点に立った戦略を策定するためのフレームワークに「**顧客価値提案の３つの戦略タイプ**」があります。これはマイケル・トレーシーとフレッド・ウィアセーマが1997年に著した『ナンバーワン企業の法則』で提唱した考え方で、マーケットでリーダーの位置にあった80社を調査したところ、それらの企業は顧客に次の３つの戦略タイプの何れかの提案する価値のパターンを鮮明にしていることが明らかになったというものです。

①**業務の卓越性**　…品質の良いものを、より安く提供
②**顧客との親密性**…顧客課題を解決するソリューションを提供
③**製品の革新性**　…革新的な製品／サービスを継続的に提供

2 戦略タイプ別の差別化要素をKPIで測る

顧客価値提案の３つの戦略タイプを表現した**戦略マップ**を作成するには、戦略上最も重要な柱であるメイン・ストリームを明確にする必要があります。それのために、図に☆印で示すように、「顧客の視点」で明確にした差別化要素を起点として、上位の財務の視点、そして下位の業務プロセスの視点と学習と成長の視点へと、４つの視点を串刺して流れる一連の因果関係の大きな流れを作ります。以下の項で、この３つの**戦略タイプ別の戦略マップ**の例を見ていくことにしましょう。

顧客価値提案の3つの戦略タイプ別の差別化要素

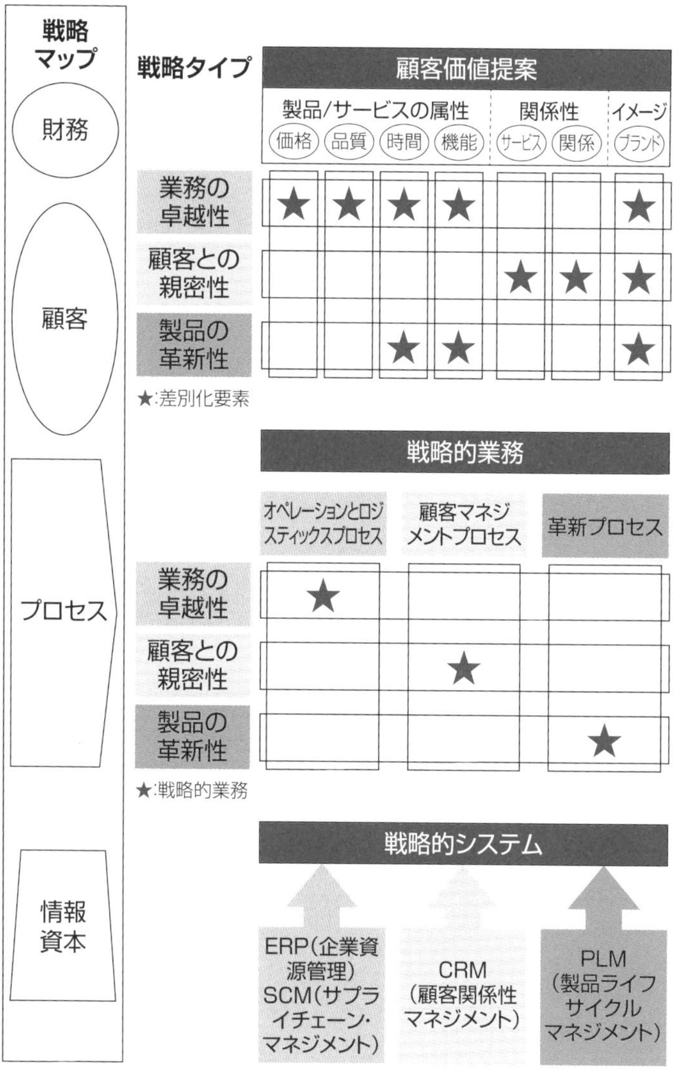

戦略マップ
財務
顧客
プロセス
情報資本

戦略タイプ	顧客価値提案						
	製品/サービスの属性				関係性		イメージ
	価格	品質	時間	機能	サービス	関係	ブランド
業務の卓越性	★	★	★	★			★
顧客との親密性					★	★	★
製品の革新性			★	★			★

★:差別化要素

戦略的業務	オペレーションとロジスティックスプロセス	顧客マネジメントプロセス	革新プロセス
業務の卓越性	★		
顧客との親密性		★	
製品の革新性			★

★:戦略的業務

戦略的システム		
ERP(企業資源管理) SCM(サプライチェーン・マネジメント)	CRM (顧客関係性マネジメント)	PLM (製品ライフサイクルマネジメント)

戦略タイプ「業務の卓越性」で勝つ戦略シナリオ

戦略タイプ「業務の卓越性」で勝つ戦略シナリオを戦略マップで描いてみよう。

1 戦略タイプ「業務の卓越性」とは

「**業務の卓越性**」とは、「安かろう、悪かろう」ではなく、業務の効率を徹底的に高めることにより、一定の品質の製品やサービスを低価格で提供することにより、顧客価値を提案する戦略を指します。一部の富裕層しか持てなかった自動車を流れ作業による大量生産方式を導入し、低価格で供給できるようにしたT型フォードのヘンリー・フォードに例えて「フォード型」とも呼ばれています。オペレーショナル・エクセレンス、コスト・リーダーシップ、またはベスト・トータル・コストという名称を使う場合もあります。

2 「業務の卓越性」戦略を戦略マップで描いてみよう

いわゆるデフレに強い企業の戦略で、ユニクロを展開するファーストリテイリングのようなSPA（製造小売業）のビジネスモデルがこのタイプに該当します。**戦略マップ**を見てみましょう。

①顧客の視点で、顧客価値提案として低価格を強調し、一定の品質を維持し、顧客は納得のいく選択であると思っています。
②プロセスの視点は、戦略的業務としてSPAなど製造とロジスチックスに注力し、
③学習と成長の視点では、継続的改善とERPやSCMなどのロジスティック・システムの充実を図ります。
④財務の視点は、生産性の向上を追求しています。

FIGURE 16 「業務の卓越性」の戦略マップ

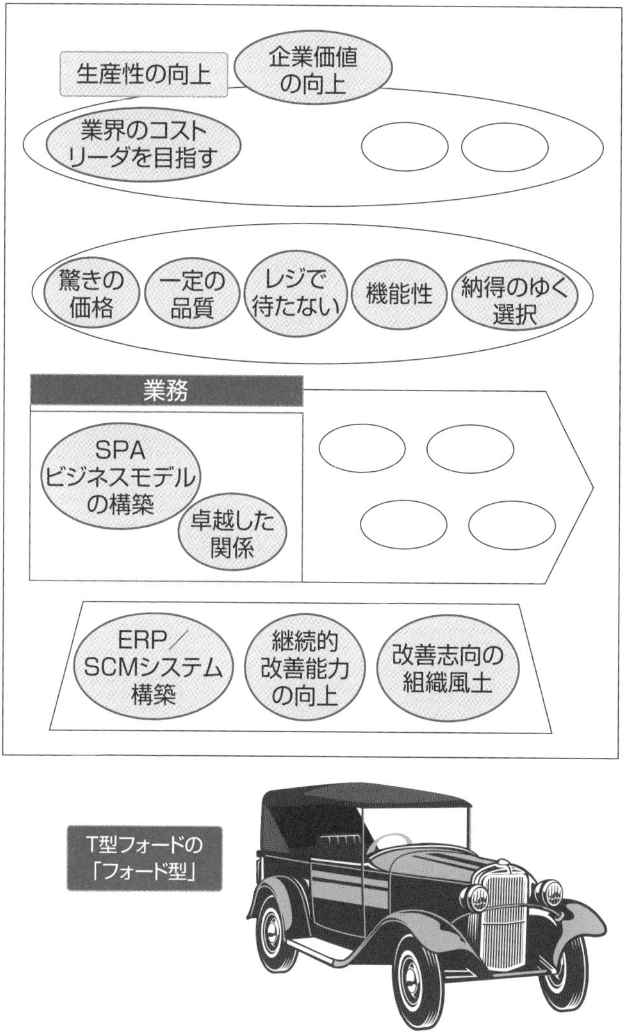

生産性の向上

企業価値の向上

業界のコストリーダを目指す

驚きの価格

一定の品質

レジで待たない

機能性

納得のゆく選択

業務

SPAビジネスモデルの構築

卓越した関係

ERP／SCMシステム構築

継続的改善能力の向上

改善志向の組織風土

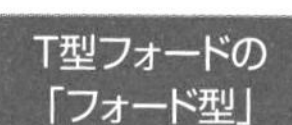

注）SPA:製造小売業、 ERP:基幹業務システム、SCM:サプライチェーン・マネジメント・システム

戦略タイプ「革新性」で勝つ戦略シナリオ

戦略タイプ「革新性」で勝つ戦略シナリオを戦略マップで描いてみよう。

1 戦略タイプ「製品の革新性」とは

「**製品の革新性**」の戦略タイプは、「**差別化戦略**」の一形態であり、革新的な製品やサービスを継続的に提供することにより、顧客価値を提案する戦略を指します。

発明王のトーマス・アルバ・エジソンに例えて「エジソン型」と呼ばれています。プロダクト・イノベーションまたはベスト・プロダクトとの名称を使う場合もあます。

2 「製品の革新性」戦略を戦略マップで描いてみよう

新製品の発表の折に、販売店の店頭に行列ができるアップルのようなモデルがこのタイプに該当します。**戦略マップ**を見てみましょう。

①顧客の視点で、顧客価値提案として革新性を強調し、高機能な製品をタイムリーに市場に投入することで、顧客は最高の製品であると思い、高価格でもついてきます。

②プロセスの視点は、戦略的業務として研究開発などの革新機能に注力し、

③学習と成長の視点は、機能横断型のクロス・ファンクショナル・チームやCAD／CAMシステムの充実を図ります。

④結果として、財務の視点は、新製品／サービスによる収益の増大と高い利益率を確保します。

FIGURE 17 「製品の革新性」の戦略マップ

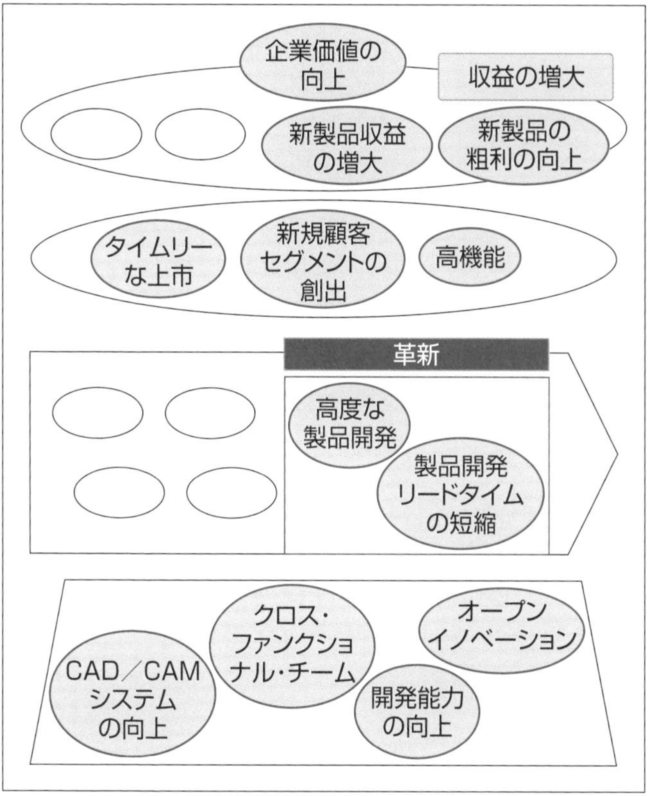

企業価値の向上

収益の増大

新製品収益の増大

新製品の粗利の向上

タイムリーな上市

新規顧客セグメントの創出

高機能

革新

高度な製品開発

製品開発リードタイムの短縮

クロス・ファンクショナル・チーム

オープンイノベーション

CAD／CAM システムの向上

開発能力の向上

発明王の「エジソン型」

戦略タイプ「顧客との親密性」で勝つ戦略シナリオ

戦略タイプ「顧客との親密性」で勝つ戦略シナリオを戦略マップで描いてみよう。

1 戦略タイプ「顧客との親密性」とは

「顧客との親密性」の戦略タイプは、**「差別化戦略」**の一形態であり、低価格路線でもなく、製品の革新性を売るでもない独特な戦略です。顧客の持つ課題を察知し、的確なソリューションを提供することにより顧客に価値を提案する企業で、ソリューション営業のはしりとして有名なIBM社の創立者トーマス・ジョン・ワトソン・シニアとその息子を例にあげて「ワトソン型」と呼ばれています。カスタマー・インティマシー、顧客との密着度、コンプリート・カスタマー・ソリューションという名称を使う場合もあります。

2 「顧客との親密性」戦略を戦略マップに描いてみよう

ソリューション・プロバイダーがこのタイプに該当します。**戦略マップ**を見てみましょう。

①顧客の視点で、顧客価値提案としてソリューションの質を強調し、顧客から絶大な信頼を勝ち取っています。

②プロセスの視点は、戦略的業務として顧客のニーズに合わせてカスタマイズされた製品／サービスを提供し、

③学習と成長の視点は、従業員のスキルやCRM（カスタマー・リレーションシップ・マネジメント）システムの充実を図ります。

④財務の視点は、顧客リピート率の向上による顧客内シェアの拡大による収益の増大を図ります。

FIGURE 18 「顧客との親密性」の戦略マップ

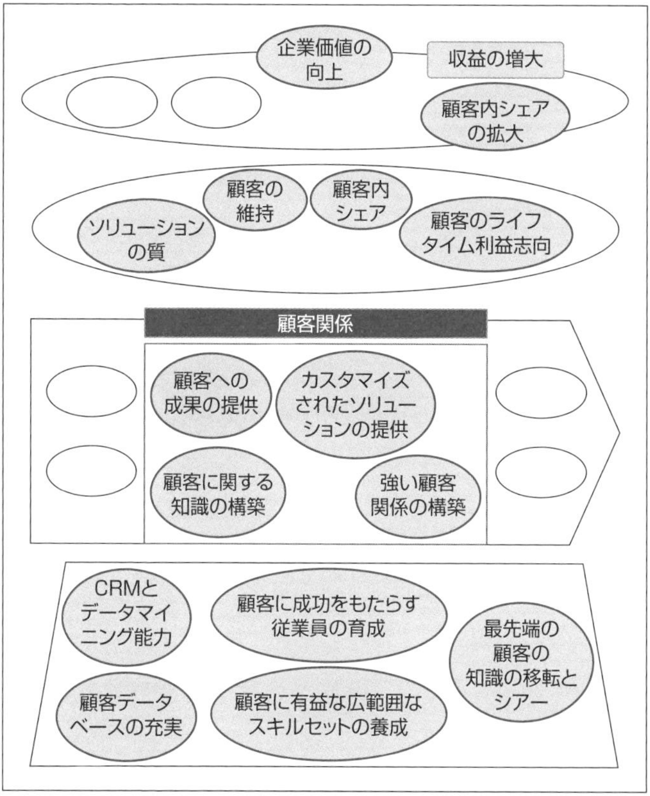

企業価値の向上

収益の増大

顧客内シェアの拡大

顧客の維持

顧客内シェア

ソリューションの質

顧客のライフタイム利益志向

顧客関係

顧客への成果の提供

カスタマイズされたソリューションの提供

顧客に関する知識の構築

強い顧客関係の構築

CRMとデータマイニング能力

顧客に成功をもたらす従業員の育成

最先端の顧客の知識の移転とシアー

顧客データベースの充実

顧客に有益な広範囲なスキルセットの養成

ソリューション営業の「ワトソン型」

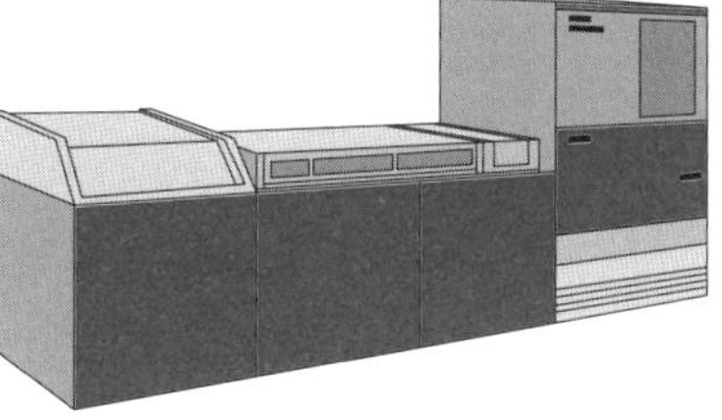

戦略マネジメントのPDCAは業務レベルとは異なる

戦略マネジメントでは、業務レベルのPDCAとは違い、ダブル・ループ学習で戦略自体の見直しも考えます。

1 「謙虚であり続け、学習者であり続けよ」

(2・9) で紹介したように、**戦略**は仮説の連鎖であるといわれています。業務レベルの定型的な作業標準とは異なり、仮説は常に正しいとは限りません。

「謙虚であり続け、学習者であり続ける」という言葉は、心理学者のダン・マイケルが「誤りの受容」と呼んだもので、自分がうまくいくだろうと期待したことの何がうまくいかなかったのかについての情報を収集し、活用し、共有することを意味しています。計画からの乖離をたんに欠陥として取り扱うのではなく、ビジネスに関して質問し学習することにそれらを活用しようというものです。

2 ダブル・ループ学習が戦略マネジメントのポイント

グローバル化とICT化が加速する今日の競争環境下では、業績管理システムには「**シングル・ループ学習**」のみではもはや充分ではなく、KPIマネジメントの成熟度の向上には、「ダブル・ループ学習」が欠かせません。

「**ダブル・ループ学習**」とは、あらかじめ設定された計画に対して実績を測定し、差異が生じた場合は、あくまでも計画に従うようにアクションを起こすというフィードバック・ループ（これをシングルループと呼びます）だけではなく、メタ・フィードバック・ループ（ループを変更、訂正、拡張するループ）を含めた学習を指します。

FIGURE 19 戦略マネジメント（戦略のPDCA）

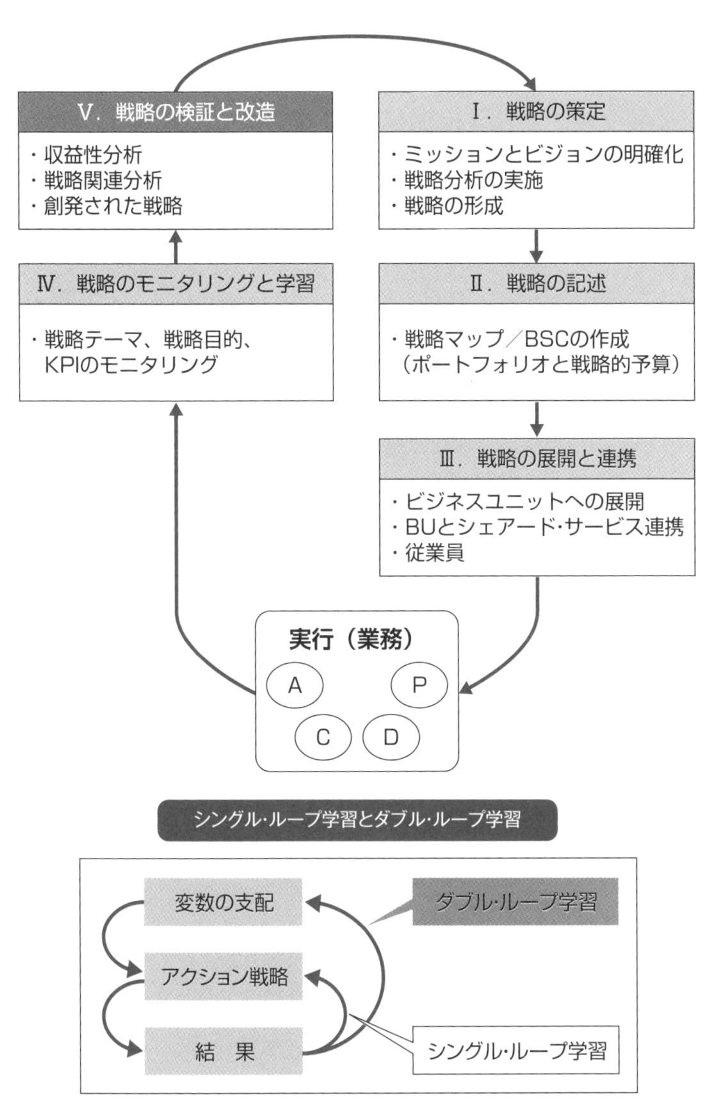

サウスウエストで学ぶ戦略マネジメントのKPI活用

LCC（格安航空会社）の元祖サウスウエスト航空のケースを通じて、戦略マネジメントへのKPIの活用をおさらいしよう。

1 LCCの元祖サウスウエスト航空のビジネスモデル

今日、世界の航空業界を席巻しているのが、LCC（Low Cost Carrier；格安航空会社）という**ビジネスモデル**です。規制と闘いながらLCCという革新的なビジネスモデルを築き上げた航空会社が米**サウスウエスト航空**（Southwest Airlines）です。サウスウエスト航空は、短距離飛行に集中し、不要な顧客価値提案の要素を極力削ぎ落とし、長距離バスやレンタカー並みの低価格で、定時運行を達成するという**バリュー・イノベーション**を実現させました。

2 サウスウエスト航空の戦略マップとBSC

①「目的」を中心に展開する：**戦略マップ**上の楕円形で描かれたものが戦略目的です。このケースでは「地上作業時間の短縮」という**戦略テーマ**のみを部分的に取り上げられていますが、最上位の「事業価値の拡大」という戦略目的を実現するためストーリーが「戦略目的」とその背後にある「KPI」のつながりという因果関係によって描かれています。

②目的の達成状況を確認するためのKPI：そして**BSC**には、戦略目的の達成状況を測るための「**KPI**」とその「目標値」が設定されています。「収益の拡大」という戦略目的を測る場合であっても、たんなる収益（売上高）ではなく、「座席当たり収益」など厳選されたKPIが設定されています。

サウスウエストの戦略マップとBSC（部分：戦略テーマ「地上作業時間の短縮」）

戦略マップ	BSC KPI	BSC 目標値
プロセス： オペレーションズ・マネジメント テーマ： 地上作業時間	KPI	目標値
財務の視点 事業価値の拡大 ← 収益の拡大／機数の削減	・株価市場価値 ・座席当たり収益 ・航空機リースコスト	・年次成長率30% ・年次成長率20% ・年次成長率5%
顧客の視点 より多くの顧客の引きつけと維持 ← 定時運行サービス／最低運賃	・リピート客数 ・客数 ・FAAの定時運行順位 ・顧客ランキング	・70% ・年次成長率12% ・NO.1 ・NO.1
プロセスの視点 地上作業時間の迅速化	・地上待機時間 ・定時離陸率	・30分 ・90%
学習と成長の視点 戦略的業務 必要スキルの開発 戦略的システム クルースケジューリングの開発 戦略と連携した 地上クルー	・戦略的業務の準備度 ・情報システムの使用可能性 ・戦略の理解度 ・地上クルーの株主割合	・1年目−0% ・3年目−90% ・5年目−100% ・100% ・3年で100% ・100%

出典：2003 Robert S. Kaplan and the Balanced Scorecard Collaborative資料を著者が翻訳し加筆・修正

19 財務に関するKPIの改良系と革新系

財務に関するKPIについて、伝統的な財務分析を補完するKPIが開発されています。

1 最近注目のROE／ROAも実は既存のKPIだった

図の中で、左下の象限【Ⅰ】は、多くの組織が測定対象としている「**既存のKPI**」の領域です。

貸借対照表と損益計算書を中心とした財務分析で使われる、棚卸資産回転率や売上高利益率などに加えて、デュポン分析ともいわれ1919年に開発され、日本では資本効率の認識の高まりから近年特に関心が高まっているROAとROE（2・20と2・21で解説します）も、この象限【Ⅰ】に含まれます。第1章（1・18）の「財務に関する主なKPIリスト」上で示したKPIの多くがこれに含まれます。

2 新たなKPIとしてのキャッシュフローの重要性の高まり

右下の象限【Ⅱ】は、既存のKPIを補完したり、置き換えるKPIの領域です。損益計算書に代表される利益概念に対するキャッシュフロー概念としての「FCF（フリーキャッシュフロー）（2・22で解説します）」や「**EVA（経済付加価値）**」などのKPIがこの象限【Ⅱ】に含まれます。ここでEVAとは、Economic Value Added、経済付加価値のことで、事業に投下した資本から得た税引後営業利益から、その調達資本費用を控除することで経済的な付加価値を測るKPIです。スターン・スチュワート社が提唱したコンセプトであり、同社の登録商標が付されています。

FIGURE 21 KPIクアドラント（財務の視点）

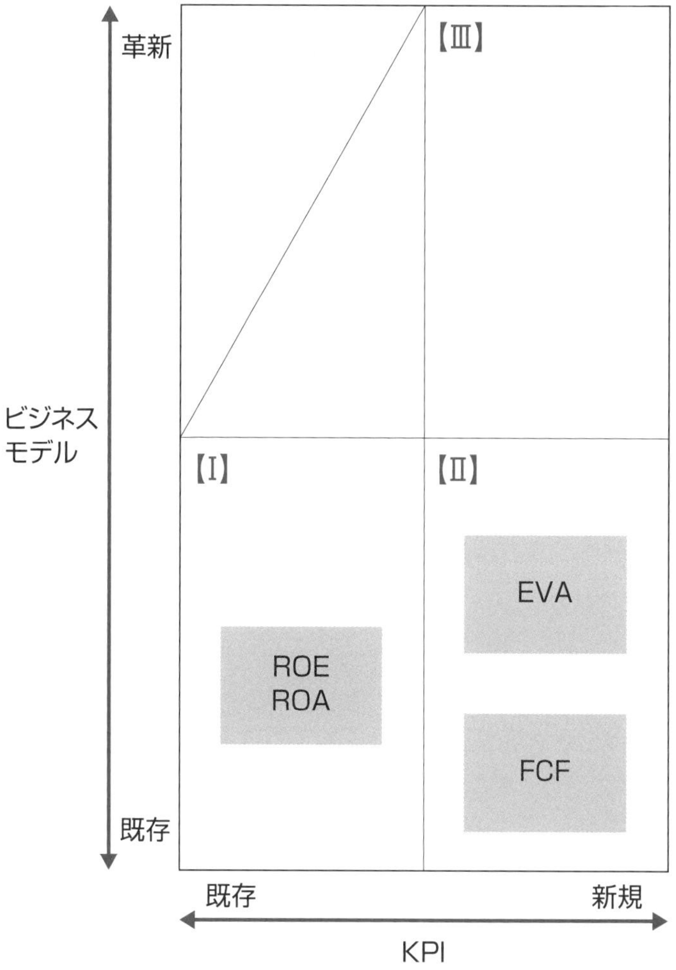

ビジネスモデル
革新
既存

KPI
既存
新規

【Ⅰ】
ROE
ROA

【Ⅱ】
EVA
FCF

【Ⅲ】

「ROA」は経営者が収益性を総合的に判断するKPI

ROA（総資産経常利益率）は、事業の収益性を判断する総合指標として、マネジメントが最も注視すべき財務のKPIの1つです。

1 収益性を分析するための総合指標

財務の視点の代表的なKPIが**ROA（Return on assets）**で、日本語では図の左上に示すように、貸借対照表の左側（借方）と右側（貸方）それぞれの合計に対する利益率として、総資産経常利益率または**総資本経常利益率**と呼んでいます。

企業の経営成績を分析するための総合指標であり、企業の収益性、つまり儲かっているかどうかを総合的に表わすKPIとして、経営者にとって最も重要なKPIの1つです。

2 ROA（総資産経常利益率）

ROAの計算は、

- 分母には総資本または総資産
- 分子の利益概念については、事業活動による利益を示す経常利益を用いるのが一般的です。

図の一番上に示したように、ROAは売上高経常利益率と総資本回転率に分解することによって、利益計画や経営改善計画の基礎として活用されます。

この分解する形状が、木が枝を張るように見えることから、2・8で紹介したROE（2・21で解説します）と同様に、「**ROAツリー**」またはこの分析手法を開発したデュポン社の名をとって「**デュポン・ツリー**」とも呼ばれています。

22 ROA分析

$$ROA = \frac{\text{経常利益}}{\text{総資本}} = \frac{\text{経常利益}}{\text{売上高}} \times \frac{\text{売上高}}{\text{総資本}}$$

（総資本経常利益率）　（売上高経常利益率）　（総資本回転率）

貸借対照表

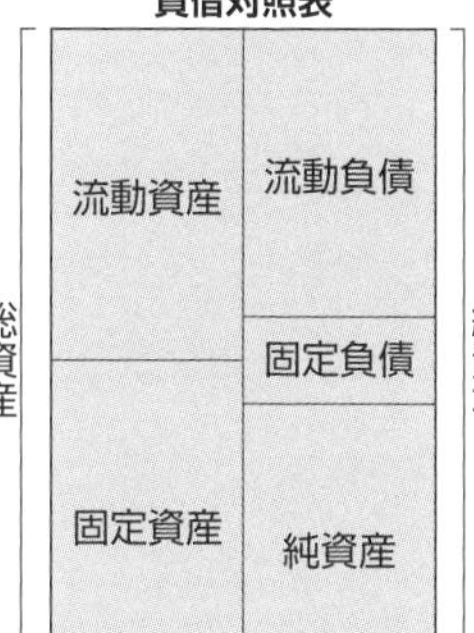

損益計算書

売上高
売上原価
　①売上総利益（粗利）
販売費及び一般管理費
　②営業利益 ------------ 本業の儲け
営業外収益
営業外費用
　③経常利益 ------------ 経常的な経営活動による儲け
特別利益
特別損失
　④税引前当期純利益 --- 臨時の利益や損失を考慮した利益
法人税等
　⑤当期純利益 ---------- 税金支払後の利益

ROA ↓（②営業利益〜③経常利益）

23 ROA（KPIディクショナリー）

KPI名称	ROA（Return on asset；総資産利益率または総資本利益率）
視点	財務の視点
目的	企業価値の拡大
定義	企業の経営成績を分析するための総合的指標であり、企業の収益性を総合的に表わす最も重要なKPI。
単位	%
計算式	ROA ＝ 経常利益 ÷ 総資本 ＝ 売上高経常利益率 × 総資産回転率
コメント	・分母には「総資本」を、分子には通常、経常的な経営活動による利益を示す「経常利益」用いる。 ・ROAは、売上高経常利益率と総資本回転率に分解することにより、利益計画や経営改善計画の基礎として用いられる。 ・上場会社では、決算短信などで開示が義務付けられているため企業間比較が容易である。

「ROE」は投資家が投資効率を判断するKPI

ROE（自己資本当期純利益率）は、株主資本の投資効率を測るKPIであり、投資家が最も注視するKPIの１つです。

1 株主資本の投資効率を測るKPI

日本では安倍政権が成長戦略の一環として、資本コストを意識してグローバル水準の**ROE**の達成を目標に掲げたことをきっかけにして、中期経営計画でROEとその目標値、例えばリスク資産に求められる利回りとされる8%を掲げる企業が増加しています。

2 ROE（自己資本当期純利益率）

ROE（Return on equity；**自己資本当期純利益率**）は、企業が株主から委託された資本を使ってどれだけ株主価値を上げたか、つまり企業の経営成績を分析するための総合指標であり、企業の収益性を総合的に表わす最も重要な財務のKPIの１つです。

ROEは、利益率、回転率、レバレッジの３つの構成要素に分解されます。

①分母のエクイティは株主資本ですが、計算上は、自己資本、つまり「純資産－新株予約権－少数株主持分」を活用します。

②分子は、損益計算書の最終行である法人税等を控除した後の「当期純利益」を活用します。

③**財務レバレッジ**のレバレッジとはテコを意味し、ここではより少ない株主資本で多くの資金を運用することを示し、自己資本比率の逆となります。

24 ROE分析

$$\text{ROE} = \frac{\text{当期純利益}}{\text{総資本}} = \frac{\text{当期純利益}}{\text{売上高}} \times \frac{\text{売上高}}{\text{総資本}} \times \frac{\text{総資本}}{\text{自己資本}}$$

（自己資本当期純利益率）（売上高純利益率）（総資本回転率）（財務レバレッジ）

貸借対照表

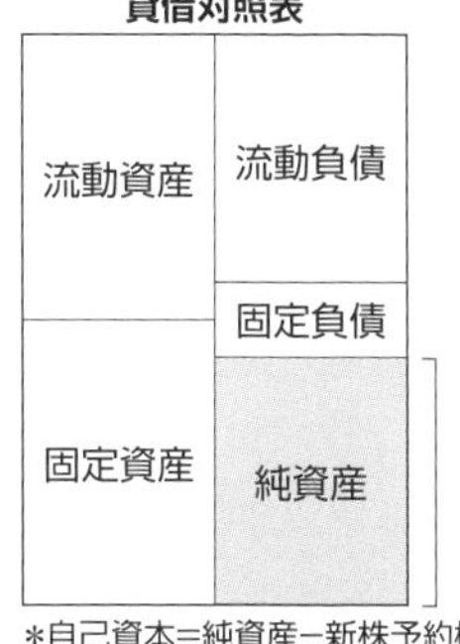

＊自己資本=純資産−新株予約権−少数株主持分

損益計算書

売上高
売上原価
①売上総利益（粗利）
販売費及び一般管理費
②営業利益 ---- 本業の儲け
営業外収益
営業外費用
③経常利益 ---- 経常的な経営活動による儲け
特別利益
特別損失
④税引前当期純利益 ---- 臨時の利益や損失を考慮した利益
法人税等
⑤当期純利益 ---- 税金支払後の利益

ROE

25 ROE（KPIディクショナリー）

KPI名称	ROE（Return on equity；自己資本利益率）
視点	財務の視点
目的	株主価値の拡大
定義	株主が企業に投資しまた利益を再投資した資金が、毎期、何％で回っているかを示す財務のKPI。
単位	％
計算式	ROE ＝ 当期純利益 ÷ 自己資本 ＝ 売上高当期利益率 × 総資本回転率 × 財務レバレッジ ・自己資本 ＝ 純資産－新株予約権－少数株主持分
コメント	・分子は、株主以外のステークホルダーに支払った後の残余利益である「当期純利益」を用いる。 ・分母は株主資本ではなく自己資本、つまり （純資産－新株予約権－少数株主持分）を用いる。 ・「財務レバレッジ」をかけることで、短期的にROEを高めることができる。 ・決算短信などで開示が義務付けられているため企業間比較が容易である。 ・ROEには平均値へと回帰していく「平均回帰性」があることが指摘されている。

「FCF」は会計基準の違いを克服するKPI

FCFは1年間で生み出された正味のキャッシュフローを意味し、会計基準の違いを超えて国際比較を可能にします。

1 キャッシュフローは国際比較を高める

日本の上場企業では会計基準として、日本基準に加えて、IFRS（**国際会計基準**）、米国基準の採用が認められています。

海外取引や外国の投資家の割合が多い企業に加えて、特にM&Aを積極的実施している企業などで、IFRSの採用が増えています。これは会計基準の違いによって、のれんの償却や収益計上基準が異なるために利益額に違いが出るためです。このような背景もあり、会計基準の違いに大きく左右されない概念として、国際比較の観点から**キャッシュフロー**の重要性が高まっています。

2 FCF（フリーキャッシュフロー）

FCF（**フリーキャッシュフロー**：Free cash flow）は、本業の事業活動により、1年間で生み出された正味のキャッシュフローで、配当や借入金の返済など、株主と金融債権者に帰属するものです。

図に示すように、**キャッシュフロー計算書**上で次の計算式により算出されます。「FCF＝営業活動によるキャッシュフロー ＋ 投資活動によるキャッシュフロー」

FCFがプラスの会社は、本業で成果を出し、更に将来への投資を行った上でキャッシュが残っており、借金返済や株主還元など「財務活動によるキャッシュフロー」に使うことができる「自由（フリー）なキャッシュ」があることを示します。

FIGURE 26 FCF（フリーキャッシュフロー）

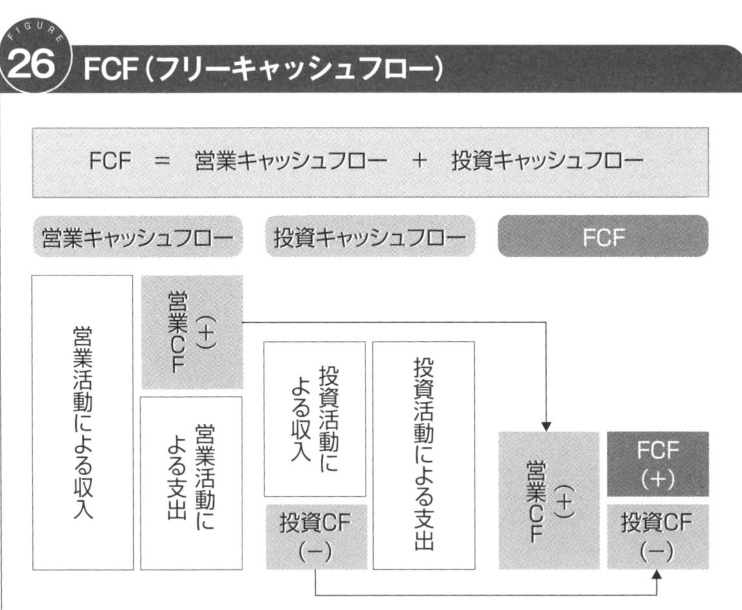

FIGURE 27 FCF（フリーキャッシュフロー）（KPIディクショナリー）

KPI名称	FCF（フリーキャッシュフロー：Free cash flow）
視点	財務の視点
目的	企業価値の創出
定義	本業の事業活動により、1年間で生み出された正味のキャッシュフローで、株主と金融債権者に帰属するものを指す。
単位	金額
計算式	2つの算定方法があります。 ①キャッシュフロー計算書を基に次の計算式により算出する。 FCF ＝ 営業キャッシュフロー ＋ 投資キャッシュフロー ②FCF ＝ 税引後営業キャッシュフロー ― 企業経営に不可欠な投資資金 ・税引後営業キャッシュフロー ＝ 営業利益 ×（1－実効税率）＋ 減価償却費 ・企業経営に不可欠な投資資金 ＝ 追加設備投資 ― 追加運転資本

顧客価値提案は戦略ストーリーの架け橋

顧客の視点は、結果系に加えて、ドライバーとしての顧客価値提案の要素をマネジメントすることが重要です。

1 顧客の視点のフレームワーク

戦略マップの**顧客の視点**は、次のステップで設計します。

①ターゲットとするマーケットを明確にする。

②そのターゲット顧客のニーズに対して、「**顧客価値提案の戦略タイプ**」、つまり業務の卓越性、顧客との親密性、製品の革新性のいずれで勝負するのかを明確にし、強調する顧客価値を「目的」として設定します。

ここまでが、ドライバーに該当する部分です。後は、第1章の(1・19) で紹介した結果系につなげていきます。

③品質や価格など顧客価値提案の個々の要素にではなく、提案の総和に対して「顧客満足」が生まれます。それが「既存顧客の維持」と「新規顧客の獲得」につながっていきます。

2 顧客価値提案が戦略ストーリーの架け橋となる

顧客の視点に盛り込まれるKPIは、結果とドライバーの双方の戦略目的を測るKPIから構成されることに注意する必要があります。**顧客価値提案**がなければ、

・なぜ顧客になったのか

・プロセスの視点でどのような価値を創造するべきか

を明確にすることができず、戦略のストーリーがつながらなくなってしまうからです。

FIGURE 28 顧客の視点の構造 （ドライバー系）

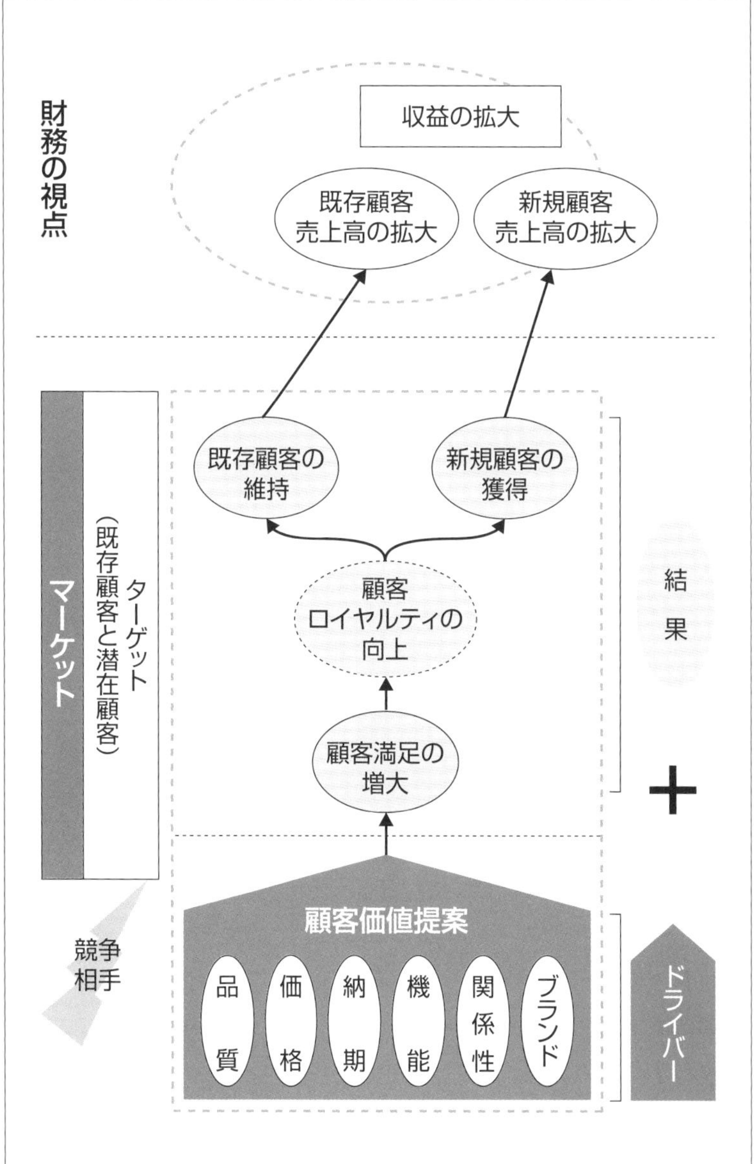

顧客に関するKPIの改良系と革新系

顧客に関するKPIについては、伝統的なKPIを補完または代替し、変革する新たなKPIが数多く開発されています。

1 顧客に関する補完的なKPI

図の中で右下の象限【Ⅱ】は、マーケットシェアや顧客満足度といった象限【Ⅰ】の既存のKPIを補完したり、置き換えるKPIの領域です。

・**顧客満足度**を補完するKPIとして「**顧客エンゲージメント**」(2・25)で解説します。
・**マーケットシェア**を補完するKPIとして「**相対的マーケットシェア**」

などが開発されています。ここで、「相対的マーケットシェア」は、「相対的マーケットシェア利益モデル」と呼ばれるビジネスモデルの測定に用いられる新たなKPIです。

2 顧客に関する革新的なKPI

右上の象限【Ⅲ】は、革新的なビジネスモデルのパフォーマンス・マネジメントに用いられる**トランスフォメーショナルなKPI**の領域です。特に、顧客の視点は、新たなKPIを選定・開発するニーズも高く、インターネットを活用したダイレクト・マーケティングなどを測る新たなKPIが調査会社やコンサルティング会社などによって数多く開発され、ベンチマーキング・サービスなども提供するケースも増えています。例えば、「フリー」と呼ばれるビジネスモデルを測定する「顧客生涯価値」(2・26で解説します)といったKPIが開発されています。

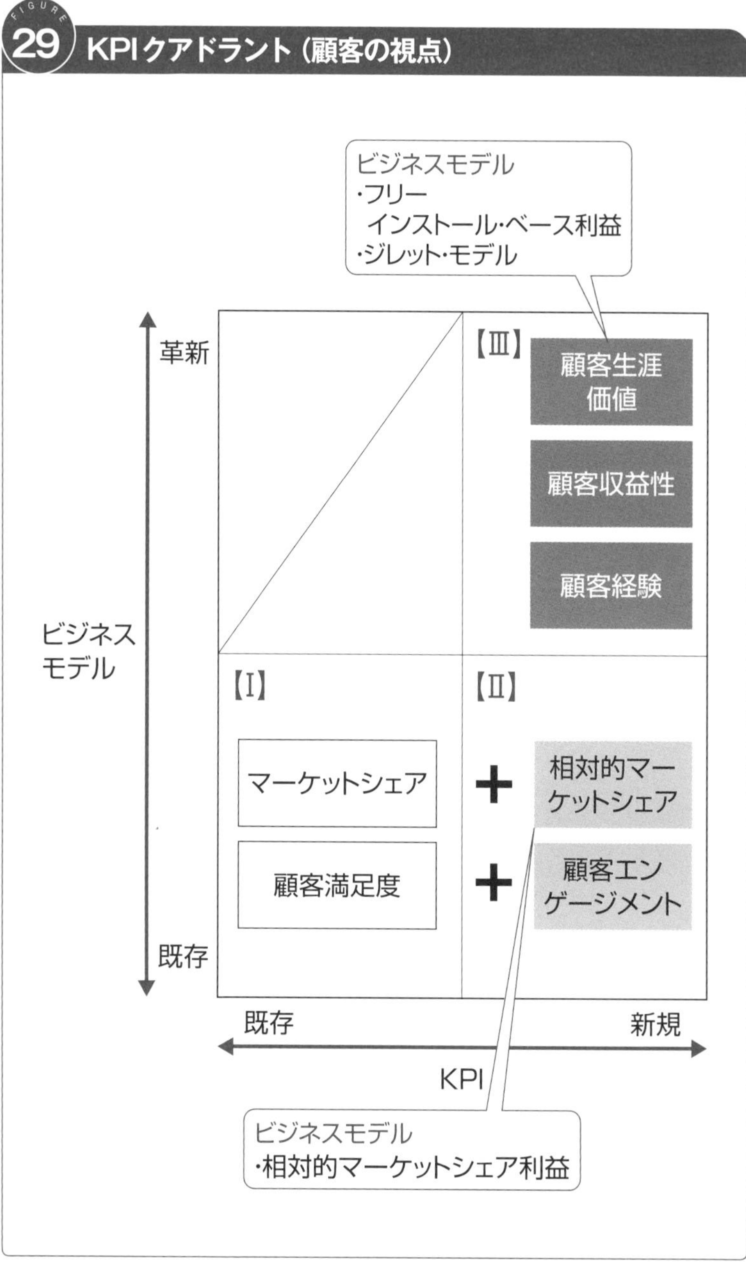
FIGURE 29
KPIクアドラント（顧客の視点）
ビジネスモデル
・フリー
インストール・ベース利益
・ジレット・モデル
革新
【Ⅲ】
顧客生涯価値
顧客収益性
顧客経験
ビジネスモデル
【Ⅰ】
【Ⅱ】
マーケットシェア
顧客満足度
＋
相対的マーケットシェア
＋
顧客エンゲージメント
既存
既存
新規
KPI
ビジネスモデル
・相対的マーケットシェア利益

「顧客エンゲージメント」で魅了された顧客を測る

顧客エンゲージメントは、顧客がどれほど自社にエンゲージしている（魅了されている）かを測るKPIです。

1 顧客満足度が高くても当てにはならない

図に示した「**サティスファクション対ロイヤルティ・カーブ**（満足度対忠誠度曲線）」は、競争の激しい業界における、顧客の満足の程度とロイヤルティの関連を示しています。

図に示されたケースは、米ゼロックスが1990年代の中ごろに実施した調査が基づいており、忠実に契約を継続しているのは「非常に満足している」顧客であり、「満足している」と回答した顧客の実に25%以上が契約更改時点で他社に鞍替えしており、契約の更新は、「**顧客エンゲージメント**（Customer engagement）」つまり顧客がゼロックスとの関係をどのように捉えているかと連動していることが明らかになったというものです。

最も重要なカスタマー・グループは、図の右上に位置する「伝道者」とその下の「疑似伝道者」であり、これに加えて不満を言い触らす「テロリスト」にも注意を要するとされています。

2 顧客エンゲージメント

顧客エンゲージメントの評価方法のは様々な方法があります。例えば、「ギャラップ社の顧客エンゲージメントの4レベル分類」は、KPIディクショナリーに示した方法で、「【レベル4】完全にエンゲージメントしている」から「【レベル1】積極的にエンゲージメントしていない」に分類し評価されます。

FIGURE 30 サティスファクション対ロイヤリティ・カーブ

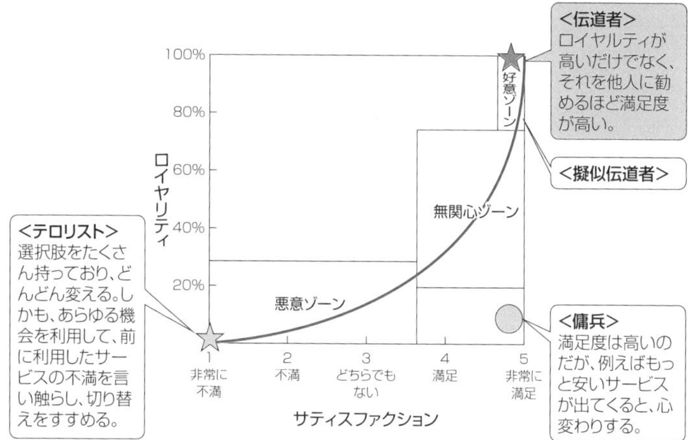

参照:ヘルスケット、サッサー、シュレジンジャー著『カスタマー・ロイヤリティの経営』

FIGURE 31 顧客エンゲージメント (KPIディクショナリー)

KPI名称	顧客エンゲージメント (Customer engagement)
視点	顧客の視点
目的	顧客がどれほど自社にエンゲージしているかを測ること。
定義	「完全にエンゲージメントしている顧客」対、「積極的にエンゲージメントしていない顧客」の割合。
単位	%
計算式／測定方法	・評価方法には様々な方法が存在する。 ・米国調査会社のギャラップ社による顧客エンゲージメント率方式では、「顧客エンゲージメントの4レベル分類」に従い次のように算出される。 【レベル4】完全にエンゲージメントしている:感情的に結びついており、理性的に忠誠である。最も価値のある顧客である。 【レベル3】エンゲージメントしている:感情的なエンゲージメントの感動を覚え始めている。 【レベル2】エンゲージメントしていない:感情的にも理性的にも中立である。 【レベル1】積極的にエンゲージメントしていない:感情的に距離を置き、積極的に敵対する ・顧客エンゲージメント率 ＝完全にエンゲージメントしている顧客 ÷積極的にエンゲージメントしていない顧客

CHAPTER 2 26

「顧客生涯価値」で長い付き合いによる儲けを測る

フリー（タダ）のビジネスモデルは、どこで儲けるのか？　それをマネジメントするKPIの１つが顧客生涯価値です。

1 フリーはどうやって儲けているのか

古くて新しいビジネスモデルに「**フリー**（Free）」があります。民放テレビの視聴料やスマホのゲームアプリなど、フリーつまりタダで儲ける**ビジネスモデル**です。一体どこ儲けているのでしょうか。そのカラクリは、利用者を含めて誰かが、いつかその代償を払っているのです。「フリー」の本質は、「商品から商品への移動」や「人から人への転嫁」にあります。図の②で示した「商品から商品へ転嫁」させる直接損失補填は、最終的には自分が払わされる羽目になる仕掛けです。

2 顧客生涯価値

フリーは、ジレットが替え刃式の剃刀の本体部分の価格を安く販売し、消耗品である替え刃で儲けたことから「ジレット・モデル」とも呼ばれています。いまではプリンターや携帯端末など、機器本体の取得費を無償ないし廉価で提供し、後の消耗品や通信費などで収益を回収するケースに見られるビジネスモデルです。

「**顧客生涯価値**（Customer lifetime value；CLV）」は、このフリーのプロフィット・フォーミュラ（利益方程式）を検討し評価するKPIとして有効です。顧客生涯価値の計算式や測定方法には様々な方法が存在します。「平均顧客維持期間」としては向こう３～７年先を対象とする場合が一般的です。

FIGURE 32 フリーの儲け方

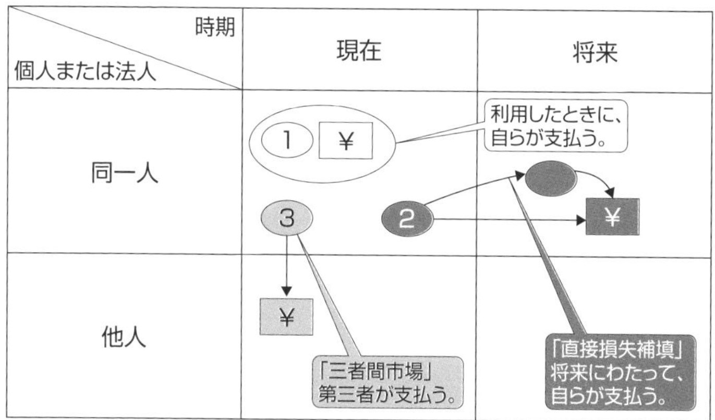

FIGURE 33 顧客生涯価値（KPIディクショナリー）

KPI名称	顧客生涯価値（Customer lifetime value）／CLV
視点	顧客の視点
目的	顧客との関係性によりもたらされる財務価値で、顧客を維持するのにどのくらい投資することが可能であるかを把握するのに役立つ。
定義	顧客関係によるキャッシュフローの正味現在価値（NPV）
単位	金額
計算式／測定方法	・平均顧客維持期間の顧客生涯純利益 ÷ 顧客数 ・評価方法には様々な方法が存在する。

サプライチェーンに関する KPIの改良系と革新系

バリューチェーン／サプライチェーンについては、新たなビジネスモデルの開発に伴って、新たなKPIが開発されています。

1 サプライチェーンに関する既存のKPI

図の左下の象限【Ⅰ】は、購買や製造、販売そして経理といった機能別に設定された多くの「**業務レベルのKPI**」が当てはまります。

また、右下の象限【Ⅱ】は、既存のKPIを補完したり、置き換えるKPIの領域です。機能別KPIに対して、製造と流通、販売を統合するロジスチックス計画としてのS&OP（エス・アンド・オーピー）がモニタリングするKPIなどを含む「**機能横断（クロスファンクショナル）KPI**」が該当します。

2 サプライチェーンに関する革新的なのKPI

図の右上の象限【Ⅲ】は、革新的なビジネスモデルのパフォーマンス・マネジメントに用いられる**トランスフォメーショナルなKPI**の領域です。新たなビジネスモデルのパターンの例としては、

- 新製品利益モデルを測定する「タイム・トウ・マーケット」（2・28で解説します）
- B2Cのビジネスモデルを測定する「DIFOT（全品目／オーダの納期達成率）」（2・29で解説します）
- そして顧客ソリューション利益モデルを測定する「**一次解決率**」といったKPIが該当します。「一次解決率」は、コールセンターが顧客からの疑問に対して初回のコンタクトで解決した割合です。

FIGURE 34 KPIクアドレント（プロセスの視点）

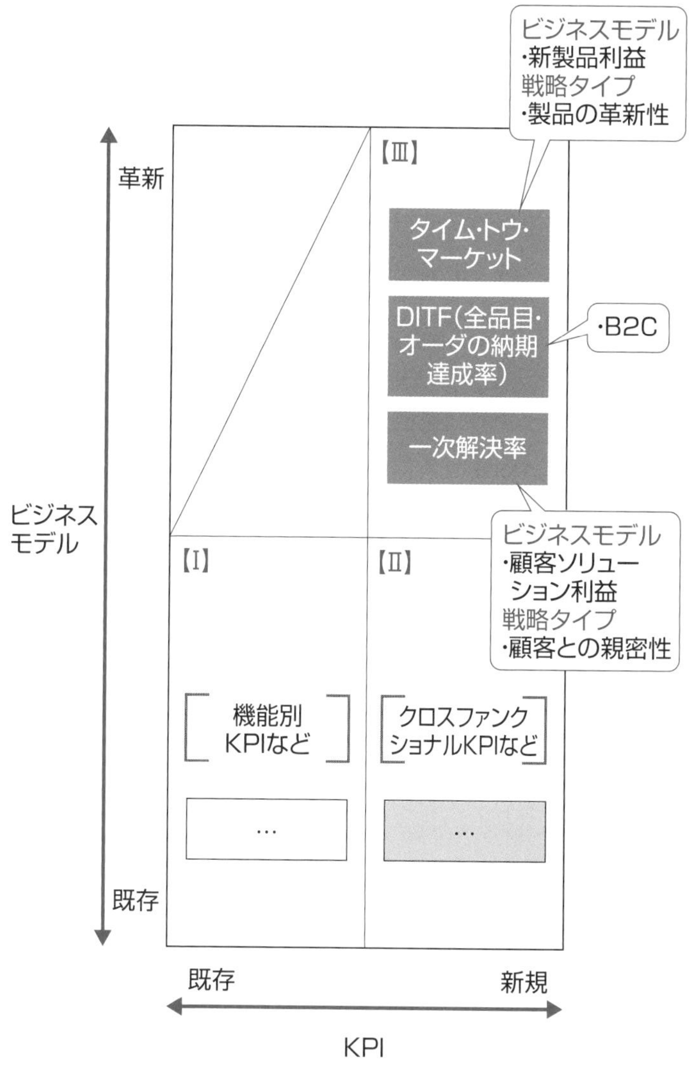

「タイム・トウ・マーケット」で新製品開発を測る

既存製品は納期達成率などで測りますが、新製品は「タイム・トウ・マーケット」でタイムリーな市場への投入を測ります。

1 製品の革新性を測る

「**タイム・トウ・マーケット**（Time to market）」は、新製品開発リードタイムとも呼ばれ、製品化するまでに要する時間を指します。

設計から製造そして物流までを含めたバリューチェーンを串刺しする「**機能横断（クロスファンクショナル）KPI**」であり、また（2・15）で紹介した「製品の革新性」という顧客価値提案を採用しているビジネスモデルでは、「**トランスフォメーショナルKPI**」として位置づけられます。

2 タイム・トウ・マーケット

タイム・トウ・マーケットを測定する計算式は様々で、開始と終了の時間の定義に決まったものはありません。

・「開始時間」については、製品アイディアの概念化が承認された時とする場合や、新製品開発プロジェクトへの要員が配属された時とする場合などがあります。
・「終了時間」については、設計から製造へ移った時点とする場合から、新製品を初めて出荷した時点、顧客が購入した時点など様々です。

いずれを採用する場合でも、自組織の方針を明確にし、継続的に運用することが重要です。また品質への配慮を怠らないよう気を付けることが肝要です。

35 タイム・トウ・マーケット（新製品開発リードタイム）

企画書

開始　→　終了

Time to market

・製品アイディアの概念化承認時点
・要員の配置時点

・製造開始時点
・新製品の出荷時点

36 タイム・トウ・マーケット（KPIディクショナリー）

KPI名称	タイム・トウ・マーケット（Time to market）
視点	バリューチェーンの視点
目的	新製品や新サービスをいかに速く市場に投入しているかを測る。
定義	製品アイディアの概念化から、出荷準備を完了するまでの時間。
単位	期間（日数、週数、月数など）
計算式／測定方法	・製品アイディアの概念化から、出荷準備を完了するまでの時間とする。 ・タイム・トウ・マーケットを測定する標準的な計算式は存在しない。

「DIFOT」で宅配時代の納期達成率を測る

DIFOTは、B2Cのビジネスモデルにおける納期達成率を測るKPIとして注目されています。

1 通販の納品について顧客価値を測る

店舗を経由して最終消費者に販売するという従来の販売チャネルに加えて、最近では、自前の販売流通システムを構築したり、成長著しいマーケットプレイスなどのプラットフォーマーや宅配便サービスなどを活用して直接最終消費者のもとに直納するディストリビューション・チャネルを使ったB2C（**企業対消費者**）のビジネスモデルが急速に発展してきています。

2 全品目・オーダの納期達成率

このようなB2Cのビジネスモデルの納期達成率を測るKPIの1つとして注目されているのが、**「DIFOT」全品目・オーダの納期達成率**（Delivery in full, on time）と呼ばれる新たなKPIです。

DIFOTは、出荷した品目またはオーダの合計数の内、すべての品目またはオーダが納期どおりに納入された合計数の割合を指します。

このDIFOTは、バリューチェーンを串刺しする「機能横断的（クロスファンクショナル）KPI」です。DIFOTを改善、改革するには、
①顧客オーダを充足し、顧客の期待に応える組織の能力
②内部のバリューチェーン・プロセスに加えて、サプライチェーン上のパートナーの能力
の向上が求められています。

FIGURE 37 DIFOT（全品目・オーダの納期達成率）

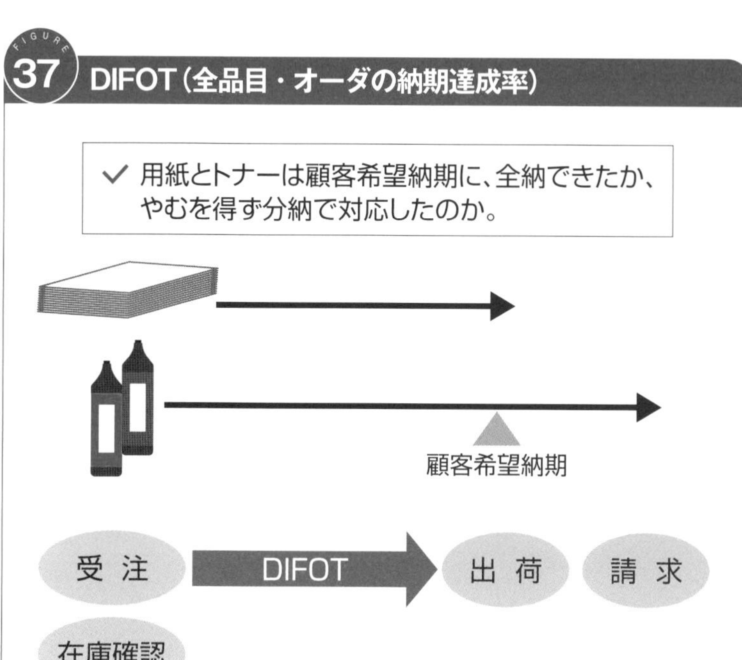

FIGURE 38 DIFOT（KPIディクショナリー）

KPI名称	DIFOT（Delivery in full, on time） 全品目・オーダの納期達成率
視点	バリューチェーンの視点
目的	顧客が望んだものを望んだ時間帯に入手できたかを測る。
定義	出荷した品目またはオーダの合計数の内、すべての品目またはオーダが納期どおりに納入された合計数の割合。
単位	%
計算式／測定方法	DIFOT ＝ すべての品目またはオーダが納期どおりに納入された合計数 ÷ 出荷品目またはオーダの合計数

「エンゲージメントレベル」で従業員の本気を測る

従業員満足度は、仕事が楽、給料がよくても高くなります。「従業員エンゲージメントレベル」で補完しましょう。

1 従業員満足度調査にも課題があった

一般に実施されている**従業員満足度**調査は、従業員の満足度が高い場合であっても、その要因が、ディーセント・ワークとも呼ばれる働きがいや、組織のミッションやビジョンの実現に熱心であるということのみではなく、仕事が簡単、きつくない、給料や福利厚生がよいなどといった要因に起因しているケースもあり、学習と成長の視点のKPIとしては課題を抱えていました。そこで、従業員満足度を補完するKPIが必要になりました。

2 従業員エンゲージメントレベル

「**従業員エンゲージメントレベル**（Employee engagement level）」は、この従業員満足度が抱える課題に対する処方箋となる「トランスフォメーショナルKPI」として注目されています。

従業員エンゲージメントレベルは、従業員による、業績や生産性、そして究極的には持続可能な財務成績への貢献度を評価することによって、従業員が積極的にエンゲージしているのか、はたまたたんに受動的に満足しているだけなのかを判断することを目的とするKPIです。

KPIディクショナリーに示すように、代表的な調査方法としては、ギャラップ社が開発した12の質問項目から構成される従業員エンゲージメントレベル調査などがあります。

FIGURE 39 従業員満足度と従業員エンゲージメントレベル

・仕事が簡単
・仕事がきつくない
・給料や福利厚生がよい

高い従業員満足度

・業績
・生産性
・持続可能な財務成績への貢献度

高い従業員エンゲージメントレベル

FIGURE 40 従業員エンゲージメントレベル（KPIディクショナリー）

KPI名称	従業員エンゲージメントレベル (Employee engagement level)
視点	経営資源の視点
目的	従業員が、組織のミッションやビジョンの実現にどれほどコミットしているかを測る。
定義	従業員による、業績、生産性そして究極的には持続可能な財務成績への貢献度を評価するメカニズム。
単位	レベル
計算式／測定方法	ギャラップ社が開発した従業員エンゲージメントレベル調査の場合、従業員が12の質問に回答することにより、「積極的にエンゲージしている。エンゲージしている。エンゲージしていない。まったくエンゲージしていない。」の4つにレベル分けされる。

COLUMN

教訓2
ミッシング・メジャーは戦略性のリトマス試験紙

ビジネスモデルの革新や挑戦的な戦略は、「**ホワイトスペース（余白）**」への進出や挑戦などに例えられ、組織が今まで行っていなかった活動や機能を設計し、そこにリソースを投入し強化することが求められます。

その場合、営業活動を例に挙げれば、御用聞き型の営業から、提案営業へと転換する場合の様に、今までそれらの活動自体を行っていなかったり、実施していても重要性が低いと判断されていたため、その業績を測定する必要がないため、従ってKPIを設定すらしていないことがあります。

このKPIのことを、パフォーマンス・マネジメントの世界では「**ミッシング・メジャー**」、つまり今まで掴んでいなかった「**失われたKPI**」と呼んでいます。

あなたが革新的なビジネスモデルや戦略を策定し、それを測るために、新たに多くのミッシング・メジャーを設定せざるをえなかったなら、むしろ、そのビジネスモデルや戦略が戦略性が高いということのバロメータとなります。優れた戦略と評価されるには、ミッシング・メジャーが20%以上存在することが望ましいとされています。

戦略マップ

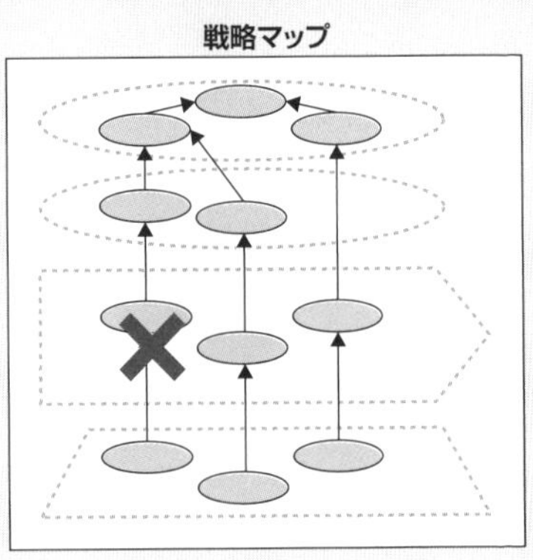

KPI Challenge 編

❶サステナビリティ時代の到来（3・1～3・2）
❷SDGsとKPI（3・3～3・4）
❸SDGsへのインパクトとKPI（3・5～3・7）
❹KPIのショーケース（Challenge編）（3・8～3・10）

利益偏重からサステナビリティ重視へのシフト

企業を取り巻くステークホルダーは、サステナビリティ重視に大きく舵を切り始めています。

1 利益重視からサステナビリティの配慮へ

企業を取り巻くステークホルダーの眼が、公開情報としての売上高や利益といった財務中心のKPIから、**環境、社会そしてガバナンス**に配慮した分野に向き始めています。

2 サステナビリティへと向かうステークホルダーの眼

図に示すように、企業の各ステークホルダーの眼は、着実に変化してきています。

①投資家：投資家や金融機関は、資金の提供者として企業価値を最終的に左右する存在です。機関投資家を中心に、**ESG（環境・社会・ガバナンス）**投資やグリーンボンドなど企業の環境や社会への貢献を評価に加える動きが高まっています。

②顧客と一般市民：最終顧客と一般市民は企業に収益をもたらし、ブランドアイデンティティの決定権を握る存在です。気候変動や海洋ゴミなど重要な環境問題、そしてジェンダー平等といった社会問題への関心が高まってきています。

③政府及び企業監視機関：政府、地方自治体が国連の**SDGs**（持続可能な開発目標）を積極的に推進し始めています。

④従業員：環境や社会への貢献のアクティビティは、ディーセント・ワーク（働きがいのある人間らしい仕事）を支持し、勤務先に対して誇りを抱き、ロイヤルティの向上につながります。

FIGURE 1 環境・社会面への貢献を後押しするステークホルダーの眼

機関投資家
・リスク管理
・ESG

政府機関など
・SDGsの施策とモニタリング
・地方創生
・人生100年

企業
価値創造マネジメント
ステークホルダーとの対話

顧客と一般市民
・環境問題（気候変動、プラスチック）
・社会問題（ジェンダー平等）
・SDGs

従業員
・ディーセント・ワーク
・ジェンダー平等
・レピュテーション

サステナビリティを支える マネジメントコンセプト

サステナビリティを支えるTBL、CSRそしてCSVの三つのマネジメントコンセプトを理解しよう。

1 環境と社会に配慮したビジネスの舵取り

ビジネスの領域では、既に2000年前後から、TBL、CSRそしてCSVといった考えが提唱され、環境と社会への意識が高まっていました。そして2015年の**SDGs**の登場が、社会と環境重視の経営へとギア・チェンジを促す大きなドライバーになっています。

2 サステナビリティを支える三つのマネジメントコンセプト

①**TBL（トリプル・ボトムライン）**：財務上の利益は損益計算書の最終行に示されるため「ボトムライン」と呼ばれています。企業が持続可能であるためには、この利益に代表される財務（経済）に加えて、環境と社会を含めたトリプル（三つ）の重要項目に注視すべきであるとする考え方です。

②**CSR（企業の社会的責任）**：企業はそもそも社会的存在であり、利益や経済的効率だけを追求するものではないとする考え方です。CSRは企業の主要活動以外の社会貢献活動として行われ、企業の評判を高めるもので、必要経費と考えられています。

③**CSV（共通価値の創造）**：米国の経営戦略学者のマイケル・ポーターらが提唱した概念です。営利企業がその本業を通じて社会のニーズや問題の解決と、企業の経済的価値を共に追求し、かつその両者の間に相乗効果を生み出そうという、ビジネス上の競争戦略の一手法です。

FIGURE 2 サステナビリティを支えるマネジメントコンセプト

持続可能性を支えるコンセプト

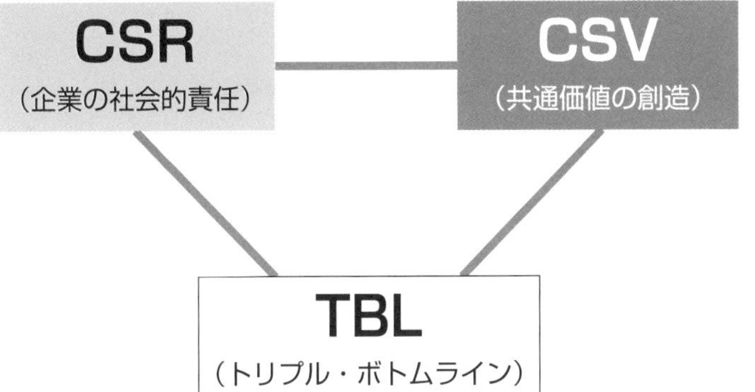

持続可能な開発の三側面

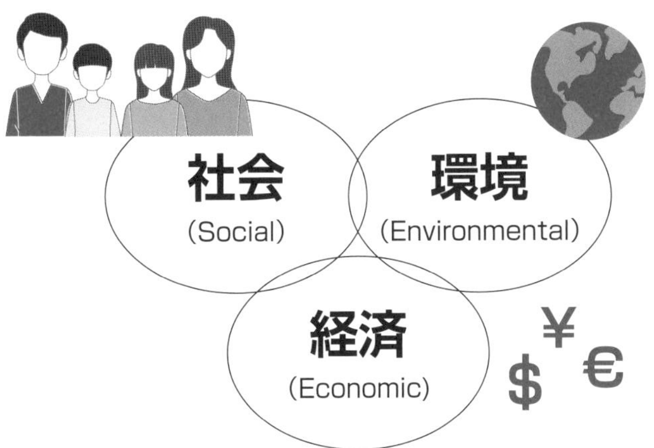

SDGsの成果はグローバル指標でモニタリングする

SDGsは、国連が定める2030年のグローバル目標として、「目標―ターゲット―指標」から構成されている。

1 SDGsは2030年迄に世界が達成すべき目標

「SDGs(Sustainable Development Goals:持続可能な開発目標)」とは、2015年9月に開催された国連の「持続可能な開発サミット」で「2030アジェンダ」として採択された文書に掲載された一連の目標を指します。その「2030アジェンダ」には、前文、宣言に加えて、「持続可能な開発目標(SDGs)とターゲット」他が記載されています。「SDGs」とは世界が2030年に達成すべき具体的な目標を**17の目標**(Goals)、169の**ターゲット**(Targets)で示した国連の文書です。別途、モニタリングのために、2016年に国連統計局から、232の**指標**(Indicators)が公表されています。

2 SDGsは三重構造で構成されている

SDGsは、図に示すように「目標―ターゲット―指標(インディケータ)」の三重構造で構成されています。

①17の「目標」は、広く目にするようになったSDGsのカラフルなアイコンのレベルがこれに該当します。目標はテーマつまりグルーピングされた領域で、抽象度が高くなっています。

②目標は、より明確に示すために169の「ターゲット」にブレークダウンされています。

③ターゲットごとに合計で232の「指標」が設定され、目標値や達成度をモニタリングするようになっています。

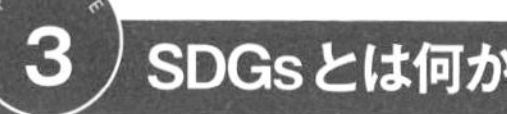

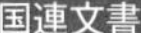

FIGURE 3

SDGsとは何か

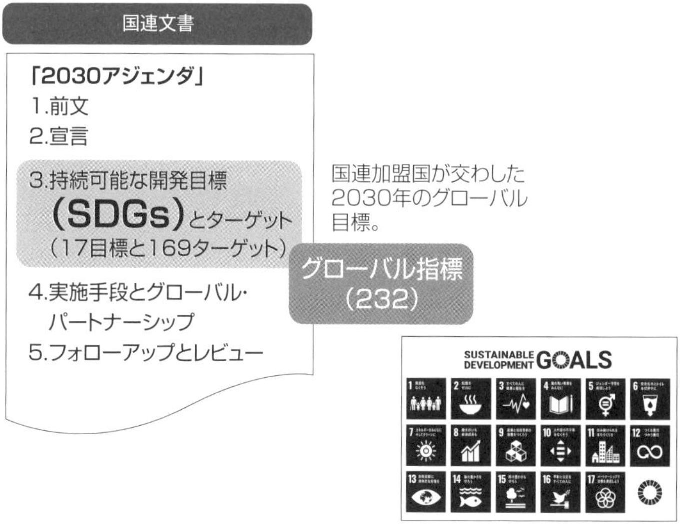
国連文書
「2030アジェンダ」
1.前文
2.宣言
3.持続可能な開発目標
(SDGs)とターゲット
(17目標と169ターゲット)
4.実施手段とグローバル・
パートナーシップ
5.フォローアップとレビュー
国連加盟国が交わした
2030年のグローバル
目標。
グローバル指標
(232)
SUSTAINABLE DEVELOPMENT GOALS

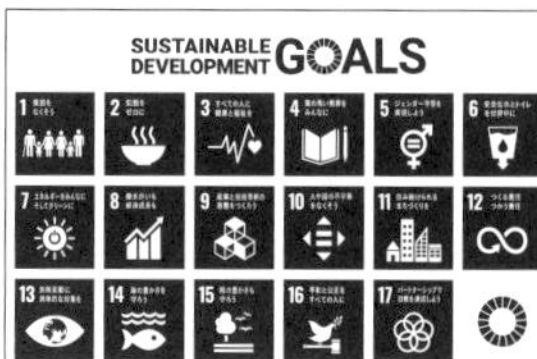

FIGURE 4

SDGsは「目標-ターゲット-指標」の三重構造から成る

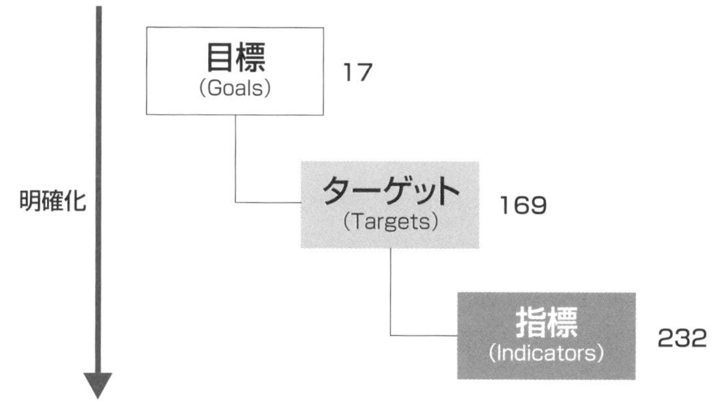
明確化
目標
(Goals)
17
ターゲット
(Targets)
169
指標
(Indicators)
232

ビジネスが重視するSDGsの目標とは

SDGsは、5つの重要領域にカテゴライズされた合計17の目標から構成され、ビジネスが重視する重要目標があります。

1 SDGsの5つの重要領域としての「5つのP」

SDGsの17の目標は、図に示すように次の**5つのP**で始まる重要領域にカテゴライズすることができます。

①人間(People):すべての人間が潜在能力を発揮する
②豊かさ(Prosperity):すべての人間が豊な生活を享受する
③地球(Planet):地球を破壊から守る
④平和(Peace):平和的、公正かつ包摂的な社会を育んでいく
⑤パートナーシップ(Partnership):アジェンダの実現に必要な手段を、グローバル・パートナーシップを通じて動員する

2 企業が選んだSDGsの重要目標とは

グローバル・ビジネスであっても、その活動は、広範囲に及ぶ**SDGsの目標とターゲット**の全てに係わるわけではありません。また、関係する目標であっても、ビジネスとして期待されるインパクトをあげ、貴重な経営資源を割り当てるにも、重要目標とターゲットの選択と集中が必要になります。業種や地域そして企業によってバラツキはあるものの、UNGC(国連グローバル・コンパクト)の会員向けアンケート調査などを参照して、ビジネス上で重視される目標を、表上でメッシュで示してあります。

FIGURE 5 SDGsの5つの重要領域:「5つのP」

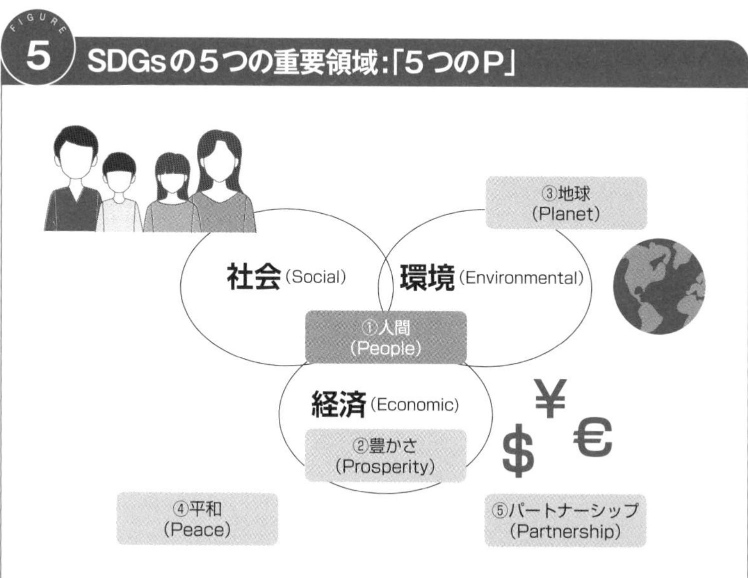

FIGURE 6 SDGsの17の目標

「5つのP」	目標(Goals)
人間(People)	1.貧困をなくそう
	2.飢餓をゼロに
	3.すべての人に健康と福祉を
	4.質の高い教育をみんなに
	5.ジェンダー平等を実現しよう
	6.安全な水とトイレを世界中に
豊かさ(Prosperity)	7.エネルギーをみんなにそしてクリーンに
	8.働きがいも経済成長も
	9.産業技術革新の基盤をつくろう
	10.人や国の不平等をなくそう
	11.住み続けられるまちづくり
地球(Planet)	12.つくる責任つかう責任
	13.気候変動に具体的な対策を
	14.海の豊かさを守ろう
	15.陸の豊かさも守ろう
平和(Peace)	16.平和と公正をすべての人に
パートナーシップ(Partnership)	17.パートナーシップで目標を達成しよう

SDGsの目標の重要性を判断し絞り込む

バリューチェーン・マッピングとマテリアリティ・マトリックスを使って重要なSDGsの目標とターゲットを企業の戦略に取り込む。

1 バリューチェーン・マッピングによる重要領域の特定

SDGsを社会、環境面でのニーズとして捉えて自社の現状及び将来の活動がSDGsの目標とターゲットに与える正ないし負のインパクト（影響）を棚卸しすることから始めます。その時に活用するツールが「**バリューチェーン・マッピング**」です。

対象範囲は自社のみでなく、広くサプライチェーンの上流と下流をカバーします。活動については、現在のみならず将来を念頭に置いて、**負のインパクト（リスク）**の最小化と**正のインパクト**の強化の双方を検討します。

2 マテリアリティ・マトリックスによる重要性の判断

重要性の判断に用いられるツールが、下図に示した、縦横の二つの軸で評価する「**マテリアリティ・マトリックス**」です。ここで、マテリアリティとは重要性を意味し、重要課題の選定とステークホルダーへの報告事項の選定に用いられています。

①重要課題の選定：活動を継続していることのリスク、機会としての新製品/サービスの成長の可能性などを判断軸に用いるのが特徴です。

②ステークホルダーへの報告事項の選定：社会のとっての重要度（関心・期待の程度）を判断軸に用いるのが特徴です。

FIGURE 7 「バリューチェーン・マッピング」による重要領域の特定

正のインパクトの増加
負のインパクトの最小化
教育サポート
ディーセント・ワーク
ジェンダー平等
廃棄物削減
サプライヤーのバリューチェーン
自社のバリューチェーン
パートナーのバリューチェーン
最終消費者の消費チェーン
リサイクル
森林の持続可能性
水の利用効率
再生可能エネルギー
地域エコシステム

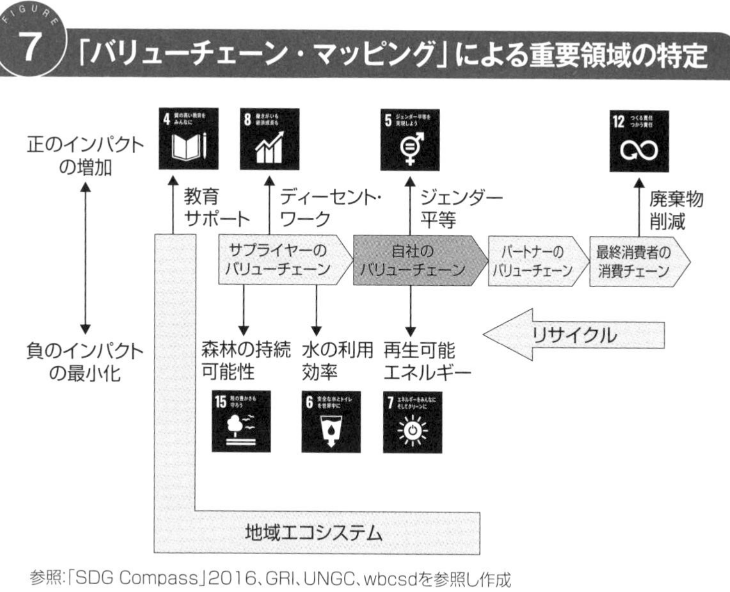

参照:「SDG Compass」2016、GRI、UNGC、wbcsdを参照し作成

FIGURE 8 「マテリアリティ・マトリックス」を使った重要課題の特定

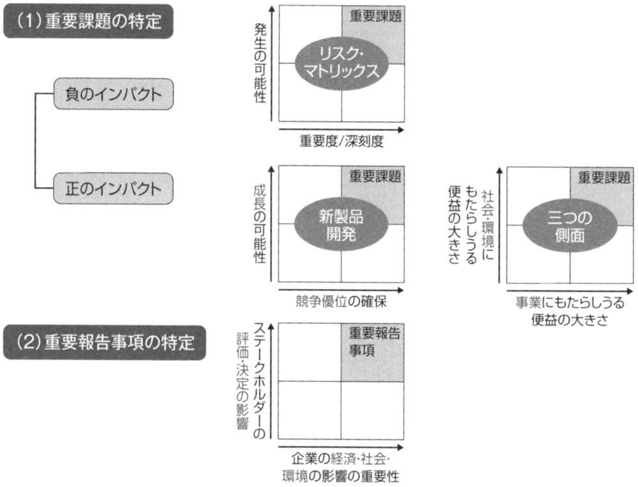

(1)重要課題の特定
負のインパクト
正のインパクト
重要課題
リスク・マトリックス
発生の可能性
重要度/深刻度
重要課題
新製品開発
成長の可能性
競争優位の確保
重要課題
三つの側面
社会・環境にもたらしうる便益の大きさ
事業にもたらしうる便益の大きさ
(2)重要報告事項の特定
重要報告事項
ステークホルダーの評価・決定の影響
企業の経済・社会・環境の影響の重要性

SDGsのグローバル指標とビジネスのKPIの関係

KPIの対象を、結果系のアウトプット（結果）に加えて、アウトカム（成果）そしてインパクト（影響）に広げて環境と社会価値を測る。

1 アウトカム / インパクトとしての社会価値・環境価値

インプット（投入）→アクティビティ（活動）→そして製品等の売上高などのアウトプト（結果）の流れがあり、第1章と第2章までは、このI-A-Oを念頭に置いてバリューチェーンの活動とKPIを考えてきました。企業活動の環境と社会に与える影響をより的確に捉えて見える化するためには、製品等が便益を提供した「**アウトカム（成果）**」を捉えることが重要になります。更に、環境と社会を取り扱うSDGsへの貢献を念頭に置くと、製品等が環境や社会に与える「**インパクト（影響）**」を把握することが求められています。

2 ロジックモデルを使ったKPIの体系化

SDGsの各ターゲットに対応する**グローバル指標**（3・8~3・10参照）は、このインパクト・レベルに相当する指標です。SDGsのグローバル指標については、SDG3（すべての人に健康と福祉を）を例に挙げても、「出生率」や「死亡率」など、企業がそのまま使えることは滅多にありません。これらの関係を示すために、「**ロジックモデル**」が活用されます。ロジックモデルは、事業活動が環境や社会に与えるインパクトまでの流れと関係性を掴む上で有効なツールの一つです。

次頁の図では、浄水用の錠剤を例に、ロジックモデルと各レベルの指標の例を示してあります。

FIGURE 9 SDGsのグローバル指標とロジックモデル

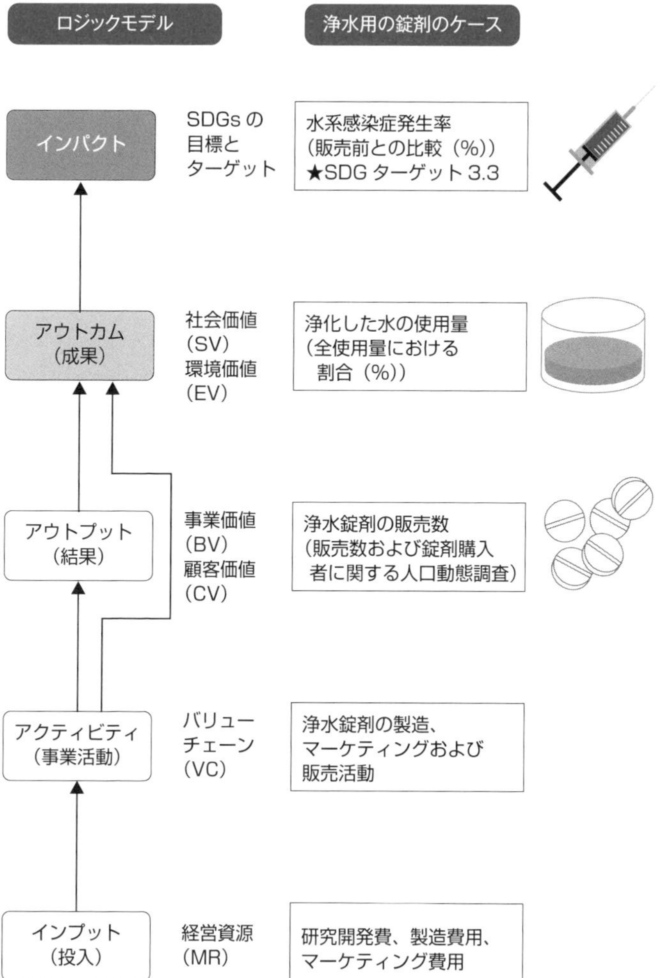

参考:「SDG Compass」GRI、UNGC、wbcsd、2016 を参照し独自に作成

SDGsを組み込んだ戦略マップのテンプレート

環境や社会価値そしてSDGsへのインパクトを見える化する戦略マップのテンプレートを活用しよう。

1 SDGs の戦略への組み入れへの戦略マップの活用

「ロジックモデル」は、事業活動が環境や社会に与えるインパクトまでの流れと関係性を掴む上で有効なツールの一つです。

第2章で詳しく取り上げた、戦略コミュニケーションのフレームワーク「**戦略マップ**」を使って表したらどのようになるでしょうか。著者は図に示したような、環境と社会そして経済（財務）という**SDGsの三つの側面**を踏まえた**戦略マップのテンプレート**を開発し提唱しています。

2 戦略マップの CSV/SDGs 対応版テンプレート

営利モデルの戦略マップのテンプレートは、BSCの四つの視点と呼ばれる①学習と成長の視点（経営資源）、②業務プロセスの視点（バリューチェーン）、③顧客の視点（顧客価値）、そして果実としての④財務の視点（事業価値）から構成されています。

SDGsの戦略への組み込みを強く意識した場合には、**アウトカム及びインパクト**として環境・社会を独立した視点として、戦略マップの最上位に設置し、目標とその達成度を示すと共に、アウトカムを創造する戦略のストーリーを「戦略テーマ」として設定することになります。SDGsについて、戦略マップ/BSCでは、目標は「戦略テーマ」、ターゲットは「戦略目的」、そしてグローバル指標は「KPI」と捉えることになります。

戦略マップ（CSV/SDGs対応版）のテンプレート

SDGs	戦略マップ／BSC
目標	戦略テーマ
ターゲット	戦略目的
指標	KPIと目標値

人や社会に関するSDGsのグローバル指標

SDGsの人（People）や社会に関する6件の目標の内、企業が重要視する1.貧困、3.健康、5.ジェンダーを見てみましょう。

1 目標 1: 貧困をなくそう

この目標の7件のターゲットに内、ビジネスに関係の深い3つとその全ての指標を示してあります。日本でも「相対的な貧困」は存在し、一人親世帯とりわけ母子家庭への支援が重要課題となっています。指標を見てみると、**貧困率**といった結果系と、サービスにアクセスできる人口割合など改善のためのドライバーが含まれています。

2 目標 3: すべての人に健康と福祉を

この目標の13件のターゲットに内、ビジネスに関係の深い3つとその全ての指標を示してあります。医薬系のビジネスにとっては、新製品/サービス開発の機会につながります。指標を見てみると、SDGsの主たる責任単位としての国家レベルの指標となっていることがわかります。

3 目標 5: ジェンダー平等を実現しよう

この目標の9件のターゲットに内、ビジネスに関係の深い3つとその全ての指標を示してあります。少子高齢化が進む日本では、**ジェンダー平等**の推進が不可欠になっています。標準的な指標として、**国会議員に占める女性の割合**があり、企業では、役員や管理職に占める女性の割合に展開されます。

FIGURE 11 人に関するSDGsの主なグローバル指標

目標（Goal）	ターゲット（Target）	指標（Indicator）
1.貧困をなくそう 1 貧困をなくそう	1.1 極度の貧困の終結	1.1.1 国際的な貧困ラインを下回って生活している人口の割合（性別、年齢、雇用形態、地理的ロケーション（都市/地方）別）
	1.2 相対的貧困率の半減	1.2.1 各国の貧困ラインを下回って生活している人口の割合（性別、年齢別）
		1.2.2 各国の定義に基づき、あらゆる次元で貧困ラインを下回って生活している男性、女性及び子供の割合（全年齢）
	1.4 貧困層および脆弱層の基本的サービスへのアクセスの確保	1.4.1 基礎的サービスにアクセスできる世帯に住んでいる人口の割合
		1.4.2 土地に対し、法律上認められた書類により、安全な所有権を有し又土地の権利が安全であると認識している全成人の割合（性別、保有の種類別）
3.すべての人に健康と福祉を 3 すべての人に健康と福祉を	3.2 新生児、5歳未満児死亡の根絶	3.2.1 5歳未満児死亡率
		3.2.2 新生児死亡率
	3.3 伝染病の根絶、感染症への対処	3.3.1 非感染者1,000人当たりの新規HIV感染者数（性別、年齢及び主要層別）
		3.3.2 100,000人当たりの結核感染者数
		3.3.3 1,000人当たりのマラリア感染者数
		3.3.4 10万人当たりのB型肝炎感染者数
		3.3.5 「顧みられない熱帯病」（NTDs）に対して介入を必要としている人々の数
	3.8 保険、医薬品へのアクセスを含むUHCの達成	3.8.1 必要不可欠の公共医療サービスの適応範囲（一般及び最も不利な立場の人々についての、生殖、妊婦、新生児及び子供の健康、伝染病、非伝染病、サービス能力とアクセスを含むトレーサー介入を基とする必要不可欠なサービスの平均的適応範囲と定義されたもの）
		3.8.2 家計収支に占める健康関連支出が大きい人口の割合
5.ジェンダー平等を実現しよう 5 ジェンダー平等を実現しよう	5.1 女性および女児に対する差別の撤廃	5.1.1 性別に基づく平等と差別撤廃を促進、実施及びモニターするための法律の枠組みが制定されているかどうか
	5.4 無報酬の育児・介護や家事労働の認識・評価	5.4.1 無償の家事・ケア労働に費やす時間の割合（性別、年齢、場所別）
	5.5 女性の参画およびリーダーシップ機会の確保	5.5.1 国会及び地方議会において女性が占める議席の割合
		5.5.2 管理職に占める女性の割合

（注）本表で取り上げているSDGsの掲載基準は次の通りです。

・目標＝ビジネスが重要視する目標として、（3・4）で紹介した目標。

・ターゲット＝ビジネスに関係の深いとされるターゲットとして、GRI、UNGC、PwC「SDGsに関するビジネス・レポーティング～ゴールとターゲットの分析」2017などを参照して著者が選定したもので、文言は著者が短縮してあります。

・指標＝選択したターゲットに係る全ての指標。

豊かさや経済に関するSDGsのグローバル指標

SDGsの豊かさ（Prosperity）や経済に関する5件の目標の内、企業が重要視する7.エネルギー、8.働きがい、9.産業を見てみましょう。

1 目標 7: エネルギーをみんなにそしてクリーンに

この目標の5件のターゲットに内、ビジネスに関係の深い3つとその全ての指標を示してあります。日本は、再生可能エネルギー比率の低さや、石炭火力発電所への依存や輸出が問題になっています。指標としては、**再生エネルギー比率**などが挙げられます。

2 目標 8: 働きがいも経済成長も

この目標の12件のターゲットに内、ビジネスに関係の深い3つとその全ての指標を示してあります。日本の課題として、ジェンダー、正規・非正規労働、同一労働同一賃金などがあります。「**ディーセント・ワーク**」と呼ばれる働きがいのある人間らしい仕事が課題となっています。指標としては、**女性及び男性労働者の平均時給**などが挙げられます。

3 目標 9: 産業技術革新の基盤をつくろう

この目標の8件のターゲットに内、ビジネスに関係の深い3つとその全ての指標を示してあります。インフラの構築に関して、震災や台風などの自然災害への対応が求められます。企業にとって、イノベーションは最も重要なテーマの一つで、IoT（モノのインターネット）を含めたR&D（研究開発）が重要になります。指標としては、**GDPに占める研究開発への支出**などが挙げられています。

FIGURE 12

豊かさに関するSDGsの主なグローバル指標

目標（Goal）	ターゲット（Target）	指標（Indicator）
7.エネルギーをみんなにそしてクリーンに	7.1 現代的エネルギーサービスへの普遍的アクセスの確保	7.1.1 電気を受電可能な人口比率
		7.1.2 クリーンな燃料や技術に依存している人口比率
	7.2 再生可能エネルギー比率の大幅拡大	7.2.1 最終エネルギー消費量に占める再生可能エネルギー比率
	7.3 エネルギー効率の改善率の倍増	7.3.1 一次エネルギー及びGDP単位当たりのエネルギー強度
8.働きがいも経済成長も	8.5 完全・生産的な雇用とディーセント・ワーク、同一労働同一賃金の達成	8.5.1 女性及び男性労働者の平均時給（職業、年齢、障害者別）
		8.5.2 失業率（性別、年齢、障害者別）
	8.6 未就労・未就学の若者の大幅な削減	8.6.1 就労、就学及び職業訓練のいずれも行っていない15～24歳の若者の割合
	8.7 強制労働の根絶と最悪な形態の児童労働の禁止・撲滅	8.7.1 児童労働者（5～17歳）の割合と数（性別、年齢別）
9.産業技術革新の基盤をつくろう	9.1 地域・越境インフラを含む強靭なインフラの開発	9.1.1 全季節利用可能な道路の2km圏内に住んでいる地方の人口の割合
		9.1.2 旅客と貨物量（交通手段別）
	9.4 資源効率の向上とクリーン技術および環境に配慮した技術・産業プロセスの導入拡大を通じたインフラ改良等による持続可能性の向上	9.4.1 付加価値の単位当たりのCO2排出量
	9.5 産業における科学技術の促進と技術能力の向上	9.5.1 GDPに占める研究開発への支出
		9.5.2 100万人当たりの研究者（フルタイム相当）

（注）本表で取り上げているSDGsの掲載基準は次の通りです。
- 目標＝ビジネスが重要視する目標として、（3・4）で紹介した目標。
- ターゲット＝ビジネスに関係の深いとされるターゲットとして、GRI、UNGC、PwC「SDGsに関するビジネス・レポーティング～ゴールとターゲットの分析」2017などを参照して著者が選定したもので、文言は著者が短縮してあります。
- 指標＝選択したターゲットに係る全ての指標。

地球や環境に関するSDGsのグローバル指標

SDGsの地球（Planet）や環境に関する6件の目標の内、企業が重要視する12.責任、13.気候、14.海を見てみましょう。

1 目標 12: くる責任つかう責任

この目標の11件のターゲットに内、ビジネスに関係の深い3つとその全ての指標を示してあります。日本の進捗状況は非常に低く、大量生産大量消費から、**サーキュラーエコノミー**への転換が求められています。指標として**食品ロス**が挙げられます。

2 目標 13: 気候変動に具体的な対策を

この目標の5件のターゲットに内、ビジネスに関係の深い3つとその全ての指標を示してあります　**温室効果ガス**の排出を抑える緩和策に加えて、地震や台風など気候変動に対にしてサプライチェーンの強靭性を高めるなどの適応策が求められています。

指標としては、国家レベルのものが多いですが、企業レベルではTCFD（**気候変動関連財務情報**）の開示も始まっています。

3 目標 14: 海の豊かさを守ろう

この目標の10件のターゲットに内、ビジネスに関係の深い3つとその全ての指標を示してあります。日本は海洋国家であり、持続可能な水産業の推進や**マイクロプラスチック**を含む海洋ゴミ対策を抱えています。スーパーなど小売店におけるレジ袋廃止も始まっています。指標としては、沿岸富栄養化指数や**浮遊プラスチックごみの密度**などが挙げられます。

FIGURE 13 地球に関するSDGsの主なグローバル指標

目標 (Goal)	ターゲット (Target)	指標 (Indicator)
12.つくる責任つかう責任	12.2　天然資源の持続可能な管理と効率的な利用の達成	12.2.1　マテリアルフットプリント (MF) 及び一人当たり、GDP当たりのMF
		12.2.2　国内総物質消費量 (DMC) 及び1人当たり、GDP当たりのDMC
	12.3　小売。消費レベルの一人当たり食料廃棄の半減と、生産・サプライチェーンにおける食品ロスの削減	12.3.1　グローバル食品ロス指数 (GFLI)
	12.5　廃棄物の発生防止、削減、再生利用および再利用による大幅な削減	12.5.1　各国の再生利用率、リサイクルされた物質のトン数
13.気候変動に具体的な対策を	13.1　気候関連や自然災害に対する強靭性および適応能力の強化	13.1.1　10万人当たりの災害による死者数、行方不明者数、直接的負傷者数
		13.1.2　仙台防災枠組み2015-2030に沿った国家レベルの防災戦略を採択し実行している国の数
		13.1.3　仙台防災枠組み2015-2030に沿った地方レベルの防災戦略を採択し実行している地方政府の割合
	13.2　気候変動対策を国別政策／戦略／計画に盛り込む	13.2.1　気候変動の悪影響に適応し、食料生産を脅かさない方法で、気候強靭性や温室効果ガスの低排出型の発展を促進するための能力を増加させる統合的な政策/戦略/計画 (国の適応計画、国が決定する貢献、国別報告書、隔年更新報告書その他を含む) の確立又は運用を報告している国の数
	13.3　気候変動の緩和、適応、影響軽減および早期警戒に関する教育や人的能力の開発	13.3.1　緩和、適応、影響軽減及び早期警戒を、初等、中等及び高等教育のカリキュラムに組み込んでいる国の数
		13.3.2　適応、緩和及び技術移転を実施するための制度上、システム上、及び個々人における能力構築の強化や開発行動を報告している国の数
14.海の豊かさを守ろう	14.1　海洋汚染の防止と大幅な削減	14.1.1　沿岸富栄養化指数 (ICEP) 及び浮遊プラスチックごみの密度
	14.2　海洋および沿岸の生態系回復の取組	14.2.1　生態系ベースにアプローチを用いた管理が行われている国内の排他的経済水域の割合
	14.3　海洋酸性化の影響度の最小限化	14.3.1　承認された代表標本抽出地点で測定された海洋酸性度 (pH) の平均値

(注) 本表で取り上げているSDGsの掲載基準は次の通りです。
・目標＝ビジネスが重要視する目標として、(3・4) で紹介した目標。
・ターゲット＝ビジネスに関係の深いとされるターゲットとして、GRI、UNGC、PwC「SDGsに関するビジネス・レポーティング～ゴールとターゲットの分析」2017などを参照して著者が選定したもので、文言は著者が短縮してあります。
・指標＝選択したターゲットに係る全ての指標。

COLUMN

おすすめの参考文献等を紹介しましょう

各ステージについて、より深く学ぶために役立つ参考文献等を紹介します。発行元などの情報は、巻末の「参考文献」を参照してください。

1) KPI Basics編

◆『マネジャーのためのKPIハンドブック』バーナード・マー著 (2012)

財務と非財務の75のKPIについて、その重要性、計算式、目標設定、ヒントなどがコンパクトにまとめられたディクショナリー的な書籍です。

2) KP Advance編

◆『〈新版〉【松原流】戦略マップ/BSCとOKRの連携教本』松原恭司郎著 (2018)

戦略マップ/BSCの基本と、戦略マネジメントへの活用について実践的に解説した2010年発行のロングセラーの新版です。新版では、グーグルなどのシリコンバレーの企業がゴールセッティングとフィードバックのシステムとして活用している「OKR」や、ビジネスモデル・マッピングとの連携についての解説が追加されています。

◆『キャプランとノートンの戦略バランスト・スコアカード』キャプランとノートン著 (2001)

戦略マネジメントの6つのステップごとの解説と戦略マップのテンプレートを初めて紹介した戦略マップを学ぶ者のバイブル的な位置づけの書籍です。

3) KPI Challenge編

◆『図解ポケット　SDGsがよくわかる本』松原恭司郎著 (2019)

SDGsの基本と、17の目標毎の背景、ターゲットーMap、日本の特徴、ビジネスとの関係が簡潔にまとめられており、事典としても活用できます。「SDGsのターゲット、指標一覧」を巻末資料に掲載しています。

◆「SDG　Compass:SDGsの企業行動指針」GRI、UNGC、wbcsd、著 (2016)

企業がSDGsを戦略に組み込むに当たっての有用なガイドラインです。

索引

●た行

●数字

●参考文献

注:原著が外国語で日本語訳が発行されている場合には、日本語訳のみ記載しています。

『カスタマー・ロイヤルティの経営』ジェームズ・L.ヘスケット、W・アール・サッサー・ジュニア、レオナード・A.シュレジンジャー著、島田陽介訳　日本経済新聞社　1998年

『キャプランとノートンの戦略バランスト・スコアカード』ロバート・S・キャプラン、デビッド・P・ノートン著、櫻井通晴監訳　東洋経済新報社　2001年

「共通価値の戦略」ポーター＆クラマー　ダイヤモンド・ハーバードビジネス・レビュー誌　2011年11月号　ダイヤモンド社

「指標」国連統計局、総務省仮訳　2017

『〈新版〉【松原流】戦略マップ/BSCとOKRの連携教本』松原恭司郎著　日刊工業新聞社　2018年

『図解「統合報告」の読み方・作り方』松原恭司郎著　中央経済社　2014年

『図解ポケット　SDGsがよくわかる本』松原恭司郎著　秀和システム　2019年

『世界はシステムで動く』ドネラ・H・メドウズ著 枝廣淳子訳　英知出版　2015年

『ナンバーワン企業の法則』マイケル・トレーシー、フレッド・ウィアセーマ著、大原進訳　日本経済新聞社　2003年

『ビジョナリー・カンパニー』ジェームズ・C・コリンズ、ジェリー・I・ポラス著　山岡洋一訳　日経BP出版センター　2002年

『松原流:戦略マップ/BSC実践教本』松原恭司郎著　日刊工業新聞社　2010年

『マネジャーのためのKPIハンドブック』バーナード・マー著、SDL Plc訳　ピアソン桐原　2012年

「我々の世界を変革する:持続可能な開発のための2030アジェンダ」国連、外務省仮訳　2015年

『ROE重視のKPI教本』松原恭司郎著　日刊工業新聞社　2016年

「SDG　Compass:SDGsの企業行動指針~SDGsを企業はどう活用するか」GRI、UNGC、wbcsd著、(公)地球環境戦略研究機関(IGES)、GCNJ訳　2016年

「SDGsに関するビジネス・レポーティング~ゴールとターゲットの分析」GRI、UNGC、PwC、著、(財)国際開発センター訳　2017年

"Transforming Performance Measurement" Spitzer , Dean R.　AMACOM　2007年

●著者紹介

松原 恭司郎（まつばら きょうしろう）

キュー・エム・コンサルティング取締役社長。公認会計士。SBI大学院大学客員教授、東北福祉大学非常勤講師、元 中央大学大学院特任教授。パフォーマンス・マネジメント、ビジネスモデル、戦略、開示などセミナー、コンサルティング活動を行っている。主な著書に『ROE重視のKPIマネジメント入門』、『＜新版＞松原流：戦略マップ／BSCとOKRの連携教本』日刊工業新聞社、『図解「統合報告」の読み方・作り方』中央経済社、『図解ポケット　SDGsがよくわかる本』秀和システムなど多数。

メールアドレス：　matsuqmc@blue.ocn.ne.jp

図解ポケット
KPIマネジメントがよくわかる本

発行日　2020年　2月20日　　第1版第1刷

著　　者　松原　恭司郎

発行者　斉藤　和邦
発行所　株式会社　秀和システム
〒135-0016
東京都江東区東陽2-4-2　新宮ビル2F
Tel 03-6264-3105（販売）Fax 03-6264-3094
印刷所　日経印刷株式会社　Printed in Japan

ISBN978-4-7980-5995-2 C0034

定価はカバーに表示してあります。
乱丁本・落丁本はお取りかえいたします。
本書に関するご質問については、ご質問の内容と住所、氏名、電話番号を明記のうえ、当社編集部宛FAXまたは書面にてお送りください。お電話によるご質問は受け付けておりませんのであらかじめご了承ください。